ISBN 978-0-282-59928-7
PIBN 10476486

1 MONTH OF
FREE
READING

at
www.ForgottenBooks.com

By purchasing this book you are eligible for one month membership to ForgottenBooks.com, giving you unlimited access to our entire collection of over 700,000 titles via our web site and mobile apps.

To claim your free month visit:

www.forgottenbooks.com/free476486

English
Français
Deutsche
Italiano
Español
Português

www.forgottenbooks.com

Mythology Photography **Fiction**
Fishing Christianity **Art** Cooking
Essays Buddhism Freemasonry
Medicine **Biology** Music **Ancient**
Egypt Evolution Carpentry Physics
Dance Geology **Mathematics** Fitness
Shakespeare **Folklore** Yoga Marketing
Confidence Immortality Biographies
Poetry **Psychology** Witchcraft
Electronics Chemistry History **Law**
Accounting **Philosophy** Anthropology
Alchemy Drama Quantum Mechanics
Atheism Sexual Health **Ancient History**
Entrepreneurship Languages Sport
Paleontology Needlework Islam
Metaphysics Investment Archaeology
Parenting Statistics Criminology
Motivational

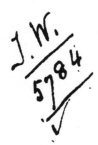

RELATION

DES

SIÉGES ET DÉFENSES

D'OLIVENÇA, DE BADAJOZ

ET DE CAMPO-MAYOR,

EN 1811 ET 1812.

PARIS, IMPRIMERIE DE GAULTIER-LAGUIONIE,

SUCCESSEUR DE P. DUPONT.

RELATION

DES

SIÉGES ET DÉFENSES

D'OLIVENÇA, DE BADAJOZ

ET DE CAMPO-MAYOR,

EN 1811 ET 1812,

PAR LES TROUPES FRANÇAISES DE L'ARMÉE DU MIDI EN ESPAGNE,

Par le Colonel L****

Lamare (Jean Baptiste)

PARIS,

ANSELIN ET POCHARD,

(SUCCESSEURS DE MAGIMEL),

LIBRAIRES POUR L'ART MILITAIRE, RUE DAUPHINE, N° 9.

1825.

M. H.

AVERTISSEMENT.

C'est pour me rendre aux vœux de plusieurs de mes anciens compagnons d'armes, que j'ai publié les relations des siéges de Badajoz, d'Olivença et de Campo-Mayor, écrites à la tranchée, même et telles, à peu près, que je les avais rassemblées dans mon porte-feuille; j'ai cherché à remplir cette tâche avec d'autant plus d'intérêt qu'elle m'a donné l'occasion, en fournissant des matériaux exacts aux écrivains qui entreprendront l'histoire générale de la guerre d'Espagne, de réfuter par des faits irréfragables divers ouvrages qui ont paru sur ces siéges, dans lesquels on a, sans respect pour la vérité, critiqué les opérations des Français et donné la palme à leurs ennemis.

J'ai cru devoir faire précéder ces relations d'une introduction ou précis de la marche de l'armée assiégeante en Estramadure, afin d'indiquer la ligne d'opération qu'elle s'était formée, et faire connaître toutes les difficultés qu'elle eut à surmonter pour opérer une diversion, que les événemens du Portugal commandaient impérativement, et qui fut entreprise malgré la saison rigoureuse dans laquelle nous nous trouvions.

J'ai décrit la bataille de la Gévora, livrée par l'armée assiégeante sur la rive droite de la Guadiana, parce qu'elle se lie essentiellement au siége de Badajoz, et que les détails dans lesquels je suis entré n'ont jamais été publiés ; le plan de cette bataille et les mouvemens qui l'ont précédée sont tracés sur la planche (II) et rapportés comme des modèles précieux où les grands principes de l'art ont été développés.

En général, il n'est point de sujet plus intéressant pour les militaires, que les relations des siéges et des batailles, car s'ils n'y trouvent pas toujours des exemples dont ils ont été les témoins, et des faits auxquels ils ont pris part, ils y rencontrent du moins matière à réfléchir sur la cause des succès et des revers de ces sortes d'entreprises, et l'on peut dire avec raison que rien ne leur est plus utile que la lecture de ces ouvrages. Dans les sciences on parvient avec beaucoup d'application à acquérir des connaissances et à les utiliser; mais il est vrai de dire que dans l'art de la guerre on ne sait bien exécuter qu'en joignant à une grande réunion de connaissances l'expérience acquise par plusieurs campagnes actives.

J'ai hasardé avec la franchise d'un soldat quelques observations sur les fautes commises de part et d'autre, non pour blâmer les opérations après les événemens, mais pour les donner comme des exemples aux jeunes militaires appelés à servir le roi et à défendre la patrie, bien pénétré de l'idée que les fautes servent plus souvent de leçon que les récits des plus beaux exploits, où la fortune a souvent une si grande part.

Je me suis particulièrement attaché à exprimer les faits d'une manière simple et claire, et à les présenter sous le jour qui convient à la vérité, sans m'inquiéter beaucoup de mon style; j'espère que le lecteur me pardonnera cette liberté, en faveur du but que je me suis proposé, et de mes travaux habituels, si éloignés de ceux d'un écrivain.

ERRATA.

Pag.	Lig.		Lisez.
1	4	D'occuper l'Estra-madure.	D'occuper la haute Estra-madure.
12	24	Andouau.	Andouaud.
16	11	Idem.	Idem.
17	16	Idem.	Idem.
27	3	Royon	Royou.
33	24	Lamare.	Delamarre.
50	11	Idem.	Idem.
56	13	Andouau.	Andouaud.
75	3	Raimond.	Remond.
107	18	De la Rivillas.	Du Rivillas.
113	21	Idem.	Idem.
114	15	Idem.	Idem.
115	3	Idem.	Idem.
131	6	Cuidad-Rodrigo.	Ciudad-Rodrigo.
142	24	La Rivillas.	Le Rivillas.
156	26	Le flanc droit.	Le flanc gauche.
205	25	De génie.	Du génie.
256	1	Ainsi fut pris.	Ainsi fut repris.

INTRODUCTION.

A la fin de la campagne de 1810, le maréchal
Soult, duc de Dalmatie, général en chef de l'armée du midi en Espagne, avait reçu l'ordre d'occuper l'Estramadure avec toutes les troupes qu'il
avait de disponibles, afin d'opérer une diversion
en faveur du maréchal Masséna, prince d'Essling,
qui commandait celle de Portugal. Il partit de
Séville le 2 janvier 1811, à la tête du 5.ᵐᵉ corps,
commandé par le maréchal Mortier, duc de Trévise, avec une division de cavalerie de réserve
sous les ordres du général comte Latour-Maubourg, et ce qu'il put réunir de troupes et de
matériel d'artillerie et du génie, sous la direction
des généraux barons Léry et Bourgeat [1]. Avant
de quitter la capitale de l'Andalousie, qui de-

---

[1] Cette armée était composée de 23 bataillons, 20 escadrons,
54 bouches à feu, 6 compagnies d'artillerie, 2 compagnies d'artillerie à cheval, 1 de pontonniers, 1 de mineurs, 5 de sapeurs,
et 1 des ouvriers de la marine, avec un matériel en bon état.

meurait toujours le centre de ses opérations, le maréchal l'avait fait mettre à l'abri d'un coup de main, et en avait confié le gouvernement au général baron Darricau. Le 1.er corps, commandé par le maréchal Victor, duc de Bellune, était dans les lignes devant Cadix; le 4.me, sous les ordres du général comte Sébastiani, occupait le royaume de Grenade, et observait les mouvemens de l'ennemi vers Carthagène et Gibraltar; tandis que le général Dessolle était à Cordoue avec une division de réserve d'infanterie; et que le général Victor Remond, avec une colonne mobile, composée du 9.me régiment de dragons, d'un bataillon du 16.me d'infanterie légère, et deux petites pièces d'artillerie, était à la Niebla, opposé au général espagnol Ballesteros, qui avait 5 à 6000 hommes sous son commandement.

Les troupes destinées à cette expédition, divisées en plusieurs colonnes, pénétrèrent en Estramadure en franchissant la Sierra Morena par les chemins difficiles de Llerena et d'Aracena; et les parcs d'artillerie et du génie, par la chaussée de Monasterio. La saison, quoique très-avancée, promettait de favoriser nos opérations; mais, après le départ, une tempête violente survint tout-à-coup; une pluie abondante, mêlée de grêle, forma des torrens et détruisit les chemins. La marche des convois, et notamment de l'artillerie de siége, fut retardée : plus de trois cents chariots attelés de bœufs furent abandonnés par leurs conducteurs : une grande partie des vivres et des munitions se perdit. Le temps devint si effroyable que le courage des soldats en était abattu : on vit alors beaucoup d'officiers d'artillerie et du génie conduire eux-mêmes les chariots, et montrer l'exemple d'un dévouement presque inconnu; et ce fut surtout à leurs efforts et à leur persévérance qu'on dut la conservation du matériel de l'armée.

Le 3 et le 4 la pluie continua sans interruption. L'avant-garde de la cavalerie de réserve rencontra l'ennemi à Usagre, se repliant en toute hâte sur Almendralejo et Merida. Dans le même temps le duc de Trévise faisait attaquer, par une brigade d'infanterie et par le 2.me de hussards, un corps espagnol qui occupait les défilés de la

Sierra : après deux heures de combat, ce corps fut forcé à la retraite, et poursuivi dans la direction de Fregenal.

Le 5, le général en chef était à Zafra; le 7 il entra à Merida, d'où la brigade de cavalerie du général Briche avait chassé la veille les Espagnols, qui se retirèrent ensuite sur Badajoz par la rive droite de la Guadiana, tandis que la cavalerie portugaise opérait sa retraite par la rive gauche sur le même point. Le général Briche poussa ensuite ses coureurs jusque sous les murs d'Albuquerque, et atteignit l'arrière-garde ennemie, qui fut sabrée.

Pendant que le général Latour-Maubourg, avec la cavalerie de réserve, contenait la garnison de Badajoz, la 1.re division du 5.me corps et le 27.me régiment de chasseurs à cheval se portaient devant Olivença, et investissaient cette place, dans laquelle six bataillons de ligne et une brigade d'artillerie légère venaient de se renfermer : mais, comme nous l'avons dit plus haut, l'arrivée de l'artillerie de siége était retardée par le mauvais temps et l'état affreux des routes ; ce ne fut donc qu'avec les seuls moyens de cette division que le général en chef put faire commencer l'ouverture de la tranchée.

La 2.ᵐᵉ division, commandée par le général comte Gazan, 25 chevaux du 4.ᵐᵉ de dragons, et deux pièces de canon de montagne, portées à dos de mulet, étaient restés en arrière, pour protéger les convois contre les troupes de Ballesteros, qui manœuvraient sur notre gauche pour couper nos communications avec l'Andalousie. Le général Gazan couvrit avec habileté la ligne d'opérations sur laquelle se trouvaient les seuls moyens de siége de l'armée du midi, préparés avec tant de peine dans les arsenaux de Séville. Il occupa tour-à-tour, avec sa division, Fuente de Cantos, Fuente de Léon, Aracena, et poussa des reconnaissances sur Fregenal, où il apprit que Ballesteros s'était retiré à la Puebla de Guzman avec ses troupes. Le général, voyant l'ennemi s'éloigner, résolut d'aller à lui, de le combattre, et de le jeter au-delà de la Guadiana jusqu'en Portugal. Il jugea que cette opération donnerait le temps de faire arriver l'artillerie en sûreté à

Zafra. Après avoir informé le directeur d'artillerie du mouvement qu'il avait projeté, il se mit
en marche pour Gibraléon, et donna l'ordre au
général Remond de venir le joindre dans cette
ville, avec sa colonne mobile, dans la nuit du 24
au 25. A son arrivée, il apprit que Ballesteros
était à Villanueva de los Castellejos, et que ce
général ennemi avait son artillerie à San Lucar
de Guadiana.

Le 25, à la pointe du jour, les troupes, réunies
sous les ordres du général Gazan, se formèrent
en colonne, le 9.me de dragons en tête, et se
mirent en mouvement dans la direction de Villanueva. Vers les onze heures, en débouchant d'un
petit bois, elles aperçurent les Espagnols, occupant les hauteurs de la droite de ce village, et
attendant de pied ferme les Français. Le général
Gazan se porta alors en avant, pour reconnaître
la position, et il envoyait ses ordres aux troupes
à mesure qu'elles sortaient du bois. Le général
Remond reçut celui de se diriger, avec sa cavalerie et le bataillon du 16.me, par la plaine, sur
les derrières de l'ennemi; pendant que le général

Pépin, avec la 1.re brigade et une pièce de canon, marchait sur le revers de la côte, attaquant la gauche, et que la 2.me brigade, commandée par le général Maransin, attaquait de front. Cette manœuvre détermina l'ennemi à un mouvement de concentration sur le centre de la ligne, pour défendre Villanueva, ainsi que la position formidable qui le domine. Dans ce but, Ballesteros plaça le régiment de Léon derrière un mur, et mit deux autres régimens en bataille près d'une chapelle, un peu en arrière, pour soutenir celui-ci, pendant que le reste de ses troupes occupait le point culminant de la position. Telles étaient les dispositions des Espagnols, lorsque, d'après les ordres du général Gazan, le général Maransin, à la tête du 18.me d'infanterie légère, soutenu par le 21.me et le 100.me de ligne, s'avança au pas de charge, à travers un terrain très-accidenté, et s'empara à la baïonnette du village : il attaqua ensuite la position avec la plus grande intrépidité, et l'enleva également à la baïonnette, malgré le feu le plus vif. Pendant cette vigoureuse attaque, un détachement de cavalerie, commandé par le chef d'escadron d'Arnaud, pénétra dans Villanueva, sabra dans les rues un grand nombre de fuyards, et acheva la déroute de l'ennemi, qui laissa sur le champ de bataille un grand nombre de morts et de blessés. Le général Remond, qui n'avait pu prendre part à l'action, à cause des difficultés du terrain et de la retraite précipitée des Espagnols, se mit à leur poursuite jusqu'à la Guadiana, les obligea de repasser ce fleuve avant la nuit, et de se réfugier en Portugal.

Le général Gazan, jugeant que Ballesteros n'oserait de quelques jours rentrer en Espagne, que l'artillerie de siége avait eu le temps de sortir de la Sierra, et que les derniers convois pourraient même atteindre le camp devant Badajoz pendant qu'il prendrait cette direction, séjourna le 26 à Villanueva, et se mit en marche le 27 pour la capitale de l'Estramadure, devant laquelle il arriva le 3 février, après avoir passé par la Puebla de Guzman, el Cerro, Cortejana, Fregenal, Xerez, et Valverde. Nommé chef de l'état-major général de l'armée du midi, il quitta le commandement de sa division, qui fut confié provisoirement au général de brigade Pépin. Dans le même temps le général Remond, avec sa petite colonne mobile, retourna à la Niebla, et dirigea sur Séville quelques prisonniers, ainsi que nos blessés et ceux de l'ennemi.

SIÉGE D'OLIVENÇA.

Le duc de Dalmatie, le duc de Trévise, et les états-majors, arrivèrent le 11 janvier 1811, à cinq heures du soir, devant Olivença, avec la 1.re division du 5.me corps, et le 27.me régiment de chasseurs à cheval. L'avant-garde avait repoussé tous les postes ennemis dans la place, qui fut dès ce moment étroitement cernée. Immédiatement après, le duc de Trévise envoya une sommation au gouverneur, dans laquelle il lui offrait les honneurs de la guerre; mais celui-ci répondit qu'il se défendrait jusqu'à la dernière extrémité.

Pendant que les troupes prenaient position, qu'elles fermaient les principales avenues par des chaînes de postes, et achevaient l'investissement, le général Léry faisait la reconnaissance des fortifications, et réglait le service pour une attaque contre le front des bastions 8 - 9. Il détermina le nombre de travailleurs et de gardes à fournir pour l'ouverture de la tranchée. L'artillerie de la division était réduite à ses propres moyens, le grand parc étant encore en arrière : on n'avait même pu faire arriver qu'une compagnie de sa-

Pl.

peurs et 200 outils, portés à dos de mulet. Dans
cet état de choses il aurait peut-être été convenable de hasarder une attaque de vive force; les
demi-lunes n'étaient point armées, et les chemins
couverts étaient sans défense : mais on fit observer
que les remparts étaient revêtus en bonne maçonnerie, et gardés par une nombreuse garnison;
qu'une tentative d'escalade ne pouvait manquer
d'être très sanglante, et que la prudence commandait qu'on fît le siége de la place. Toutefois, le gouverneur ayant négligé de faire occuper la lunette
13, il fut décidé qu'on s'en emparerait de suite.
En conséquence le capitaine du génie Vainsot reçut l'ordre de s'y établir. A sept heures du soir
une compagnie de voltigeurs du 64.ᵐᵉ, dirigée
par cet officier, escalada l'ouvrage. Le chef de
bataillon du génie Cazin, le capitaine Coste, 40
sapeurs et 100 travailleurs des 64.ᵐᵉ et 88.ᵐᵉ régimens, y montèrent aussitôt après, et exécutèrent en dix heures de temps une rampe au saillant, le massif d'une batterie dans le terre-plein,
et deux traverses dans le fossé. Ces travaux furent
continués le matin par le capitaine du génie Andouau, avec 40 autres sapeurs et 100 travailleurs
des mêmes régimens. Le général Léry les visita
à la pointe du jour, et donna des ordres pour leur
perfectionnement.

Le 12, à dix heures du matin, le capitaine du

génie Bagnac prit le service avec le même nombre de travailleurs que la veille. A onze heures l'artillerie mit quatre pièces de 8 en batterie dans la lunette : à midi elles commencèrent à tirer sur la ville. Le duc de Dalmatie et le duc de Trévise firent la reconnaissance de la place et des ouvrages d'attaque : ils témoignèrent leur satisfaction aux officiers du génie, sur l'activité qu'on avait déployée aux travaux. A quatre heures du soir le capitaine Amillet, avec 18 sapeurs et 76 travailleurs, continua le perfectionnement des oùvrages. A huit heures le capitaine Bagnac reprit le service, et fit faire une troisième traverse à gauche, pour couper la route qui longe le glacis. A minuit tout le travail se trouva terminé.

Tandis qu'on travaillait à la lunette, le chef de bataillon Cazin reconnaissait le bastion 8, qu'on croyait être revêtu en mauvaise maçonnerie. D'après le rapport de cet officier, le général en chef voulut l'examiner, et s'assurer par lui-même de l'avantage qu'il y aurait à diriger l'attaque de ce côté. La chose ayant été décidée, le capitaine Vainsot, avec 20 sapeurs et 72 travailleurs d'infanterie, fit ouvrir la tranchée, à 350 mètres environ de la crête du glacis du bastion 9, sur une longueur de 180 mètres. Les approches étaient protégées par une maison de campagne A : ce fut à la faveur du masque qu'elle offrait, et de quelques accidens de terrein, que les travailleurs débouchèrent à la sape volante, et commencèrent la parallèle.

Le 13, à midi, on travailla à prolonger la parallèle de 70 mètres. Un pli de terrein protégait les ouvriers, qui continuèrent leur travail pendant le reste de la journée, malgré le feu des assiégés et une pluie qui tombait par torrens. Pendant la nuit 20 sapeurs et 130 travailleurs poussèrent la parallèle à 160 mètres plus loin, et travaillèrent en même temps à approfondir et à élargir les parties de cet ouvrage, que les difficultés que fit naître la nature du sol avaient retardées. Le maréchal Mortier visita les travaux et encouragea les troupes par sa présence.

Le 14, à quatre heures du matin, le capitaine du génie Amillet monta la tranchée avec 220 travailleurs. La pluie tombait toujours abondamment et inondait la parallèle : cet officier fut obligé de faire exhausser les banquettes avec des fascines, et creuser des rigoles pour l'écoulement des eaux. A midi le capitaine Vainsot le releva ; et ce fut avec beaucoup de peine qu'il opéra le desséchement de la parallèle, et qu'il la rendit praticable. Malgré toutes ces contrariétés il parvint à la prolonger de 12 mètres, ce qui portait sa longueur totale à 432 mètres. A minuit le capitaine Andouau ouvrit 68 mètres de boyau, et atteignit une butte devant la face droite de la place d'armes rentrante des bastions 8 et 9. Les eaux ayant encore dégradé les ouvrages, il dut s'occuper à faire de nouvelles rigoles pour leur écoulement, ce qui retarda le travail. Le général Léry reconnut la parallèle, et donna l'ordre de la pousser plus avant.

Le 15 au matin, de nouveaux travailleurs, dirigés par le capitaine Bagnac, reprirent l'ouvrage, et perfectionnèrent ce qui avait été exécuté pendant la nuit. Le temps était toujours très-mauvais; les eaux pluviales occasionnèrent encore de nouveaux retards; et quoique le feu des assiégés fût des plus vifs, le travail ne fut pas interrompu. Le général en chef vint à la tranchée encourager les travailleurs.

Le soir le chef de bataillon Cazin reconnut les glacis du bastion 8, sur lequel on se proposait d'établir les batteries de brèche; et, pendant la nuit, les capitaines Vainsot et Amillet ouvrirent un boyau de 170 mètres, qui dépassait de 60 mètres la capitale du bastion. La pluie n'ayant point discontinué, ils furent encore obligés d'employer une partie des travailleurs à faire écouler les eaux et dessécher la parallèle. Il existait aussi sur plusieurs points des espaces sans parapet qui ne purent être remplis avant le jour: les outils manquaient, et par conséquent le nombre des travailleurs était insuffisant pour perfectionner tout ce qui était commencé : le zèle des soldats du 34.me et du 88.me leur fit entreprendre de remblayer ces espaces, et, comme ils manquaient de pelles, ils jettèrent la terre avec les mains. Le général Léry, pour récompenser ces braves militaires, leur fit donner une gratification.

Le 16 on continua à dessécher et à perfectionner la parallèle; on forma des banquettes en fascines sur une longueur de 120 mètres. Le soir le capitaine Andouau ouvrit 160 mètres de boyau; mais les travailleurs étaient en si petit nombre qu'il eut beaucoup de peine à se couvrir avant le jour. Le général Girard passa une partie de la nuit à la tranchée.

Le 17, à la pointe du jour, le général Léry inspecta les travaux, et donna de nouveaux ordres pour les continuer. Le général en chef y passa une partie de la matinée, et reconnut, avec les officiers du génie, l'emplacement des deux batteries qu'on se proposait d'établir aux points B et C, dans le dessein de ricocher le terre-plein des deux faces du bastion. Le soir le capitaine Vainsot traça les batteries à ricochets pour six pièces de 8, et les fit commencer sur-le-champ. En outre, il fit ouvrir à la sape un boyau de 60 mètres de long pour s'approcher du glacis, et il dirigea en capitale un second boyau de dix mètres. En même temps le capitaine Coste prolongeait la parallèle de 70 mètres, et s'avançait ainsi vers la route de Jurumenha, à la gauche de laquelle on établissait la batterie C.

Les assiégés, de leur côté, dégorgèrent plusieurs nouvelles embrasures aux deux faces du bastion 8, et redoublèrent leur feu. On découvrit, de la lunette 13, qu'ils avaient élevé une grande traverse perpendiculairement à la face droite du bastion, pour se défiler des feux de la batterie établie dans cette lunette.

Malgré la faiblesse de nos moyens, les travaux furent poussés le 18 avec beaucoup d'activité. Le général Léry en témoigna sa satisfaction au capitaine Vainsot, qui les avait dirigés. A huit heures du matin le capitaine Andouau reprit le service de la tranchée, et continua les batteries à ricochets, ainsi que le perfectionnement de la parallèle : il fut encore obligé de détourner un certain nombre d'ouvriers pour les employer à faire écouler les eaux, qui ne cessaient d'inonder les ouvrages. L'artillerie commença les plate-formes, et prépara tout ce qui lui était nécessaire pour faire des embrasures aux batteries.

Le soir, le capitaine Amillet ouvrit 150 mètres de parallèle, coupa le chemin de Jurumenha, établit une communication pour aller à la batterie C, et continua ces travaux pendant toute la nuit avec la plus grande activité.

2

La compagnie de sapeurs du grand-duché de Varsovie arriva au camp avec un caisson de 300 outils, ce qui fut d'un très-grand secours, les travailleurs fournis par l'infanterie ayant souvent été renvoyés faute d'outils pour les employer.

Le 19, on répara la parallèle, dégradée par les pluies et par le feu de la place; on épaissit encore les parapets, et on élargit plusieurs parties de la tranchée qui en avaient besoin. L'artillerie de son côté travailla avec activité à ses batteries. Le général en chef et le général Léry restèrent long-temps sur les travaux pour encourager les ouvriers.

A la chute du jour le capitaine Vainsot commença le couronnement du chemin couvert à droite et à gauche de la place d'armes saillante du bastion 8, et fit masser pendant la nuit deux batteries de brèche destinées à battre les deux faces de ce bastion, ainsi que les flancs des bastions 7, 9 : l'artillerie entreprit en même temps le travail qui la concernait. Au jour l'ennemi dirigea contre ces batteries une canonnade qui eut peu de succès, car il ne put jamais contraindre les travailleurs à quitter leur poste.

On continua le 20 le couronnement du chemin couvert entrepris dans la soirée du 19, et on l'étendit de trente mètres de chaque côté du glacis.

A huit heures du matin la batterie B commença le feu contre le bastion 8. Outre les trois pièces dont elle était armée, qui battaient de plein fouet les embrasures et ricochaient la face droite de ce bastion, deux petits mortiers tiraient sur divers points. Au bout de quelque temps le feu des assiégés se ralentit, et l'on entendit beaucoup de bruit dans le bastion 7, ce qui fit présumer qu'ils y préparaient quelque nouveau moyen de défense.

Pendant la journée le général en chef et le duc de Trévise visitèrent les travaux de couronnement ainsi que ceux des batteries de brèche. Le général Léry fit prendre des dispositions pour renverser la contrescarpe au moyen d'un globe de compression.

L'artillerie de siége, dont la marche avait été retardée par le mauvais temps et l'état affreux des routes, arriva successivement avec la 2.ᵐᵉ compagnie de mineurs et la 9.ᵐᵉ de sapeurs.

Pendant la matinée le gouverneur de Badajoz tenta de faire une diversion en faveur d'Olivença, en attaquant avec sa cavalerie celle du général Latour-Maubourg, placée en observation; mais elle fut repoussée.

Le 21, au matin, le chef de bataillon du génie Lamare, avec 500 travailleurs, termina le couronnement du chemin couvert, et fit réparer les dégradations occasionnées par le feu des assié-

gés. Le soir il fit un puits de mine au point D,
de huit pieds de profondeur, et entreprit un rameau qu'il dirigea sur la contrescarpe, pour y
mettre un fourneau et la renverser. A minuit le
capitaine du génie Lemut prit le service et continua les travaux jusqu'au jour. On apporta dans
la tranchée les fascines, les gabions et les blindes
nécessaires pour effectuer le passage du fossé aussitôt que la contrescarpe aurait été renversée.
Sur ces entrefaites le capitaine d'artillerie l'Espagnol faisait armer les deux batteries de brèche
de pièces de 12 et d'obusiers de 8, les seuls qu'on
avait pu faire arriver avec des peines infinies.

Le 22, au matin, tous les ouvrages d'attaque
étaient achevés, la mine était prête, et les travailleurs n'étaient plus employés qu'à réparer les
dégâts que faisait le canon de la place.

A dix heures notre artillerie commença de
toutes ses batteries un feu vif et soutenu ; les batteries de brèche tirèrent sur les revêtements des
deux faces du bastion 8, et sur les flancs des bastions latéraux. Les maçonneries des escarpes
étaient déjà fortement entamées, lorsqu'on entendit tout-à-coup un bruit sourd dans la ville,
qui annonçait une espèce de révolte : en effet on
vit bientôt après une foule de paysans et de soldats effrayés se présenter sans armes sur les parapets du bastion 9 et sur ceux de la courtine de

droite du côté de la porte San Francisco, en demandant qu'on cessât le feu, et annonçant l'intention de se rendre. Quelques instans après le gouverneur se présenta avec son état-major en avant de la porte que nous venons de nommer, et déclara qu'il avait résolu de capituler; mais s'étant refusé le premier jour de l'investissement aux propositions qui lui furent faites, le duc de Trévise rejeta toute espèce de condition. Cependant on convint ensuite d'une capitulation, et la garnison sortit de la place le lendemain 23 janvier, à huit heures du matin, devant les assiégeans, déposa les armes sur les glacis, et fut conduite prisonnière en France. Son effectif était de 4141 hommes, parmi lesquels on comptait de bons artilleurs et sapeurs, un maréchal de camp gouverneur, un brigadier, neuf colonels ou lieutenans-colonels, et plus de 150 officiers de divers grades. On ne trouva que 18 pièces d'artillerie, et beaucoup de projectiles. Malgré la part que les habitans de la ville avaient prise à la défense, ils furent traités avec des égards et une modération à laquelle ils étaient loin de s'attendre.

Après que la garnison eut évacué Olivença, le général en chef et le duc de Trévise y firent leur entrée à la tête des troupes françaises : ils y séjournèrent les 24 et 25, et en partirent le 26 au matin pour se rendre devant Badajoz.

La cávalerie de réserve, qui était restée en observation dans ses cantonnemens, se mit également en mouvement, et précéda la division d'infanterie. Le général en chef laissa dans la place l'adjudant commandant baron Forestier avec un petit détachement de canonniers, la 2.ᵐᵉ compagnie de mineurs, et 3 à 400 hommes d'infanterie. Il donna les ordres nécessaires pour faire rétablir l'escarpe du bastion 8, et pour mettre la place en état de protéger ses opérations ultérieures.

Les pertes des Français furent légères. Les précautions prises par les officiers du génie, dans la conduite des travaux d'attaque, épargnèrent beaucoup de sang; ils méritèrent aussi les plus grands éloges pour l'activité qu'ils y apportèrent. Les troupes de toutes les armes se conduisirent avec beaucoup de zèle et de valeur.

Cette défense fut regardée comme très-médiocre, quoiqu'elle eût duré pendant dix jours de tranchée ouverte. Les Espagnols, qui dans d'autres circonstances avaient défendu leurs remparts avec tant de courage et d'opiniâtreté, montrèrent une pusillanimité inexplicable dans celle-ci. On objectera peut-être que leurs moyens étaient bornés; mais on répondra à cela que ceux des assiégeans l'étaient encore davantage. Quelques sorties bien dirigées sur la tête des tranchées auraient certainement prolongé la durée du siége. La force numérique de la garnison était plus que suffisante pour employer ce moyen avec succès. En général on peut chercher la cause d'une mauvaise défense dans l'incapacité du gouverneur et le défaut d'intelligence et d'industrie des officiers qui sont destinés à le seconder. Ce n'est pas assez de payer de sa personne dans une place assiégée, il faut encore avoir les connaissances de l'art, et savoir faire agir les ressorts qui élèvent les hommes au-dessus des plus grands dangers.

———————

Notice succincte sur Olivença.

Olivença (*Oliventia*), ville espagnole fortifiée, dans l'Alentejo, appartenait jadis au Portugal. Les Espagnols la prirent en 1658, et la rendirent par le traité de Lisbonne en 1668 : elle fut de nouveau cédée à l'Espagne en 1801, avec son arrondissement : les Français s'en emparèrent le 23 janvier 1811 ; les alliés la reprirent dans le mois d'avril suivant : elle fut réoccupée par les Français le 21 juin de la même année : la démolition de ses fortifications fut résolue et exécutée le 27 : enfin elle rentra sous la domination espagnole dans le mois de mars 1812. Elle est située au milieu d'une vaste plaine, sur une hauteur qui commande le terrein environnant, excepté du côté du sud. Sa population est d'environ cinq mille ames. On n'y fait aucun commerce : le pays produit du grain, de l'huile, et des légumes. Olivença renferme deux casernes, un magasin à poudre, et deux fontaines abondantes. Ses fortifications formaient un polygone irrégulier de neuf bastions, revêtus en maçonnerie, de 7 à 8 mètres de hauteur, avec sept demi-lunes imparfaites et une lunette : le tout entouré de bons fossés avec contrescarpe en maçonnerie de 2 à 3 mètres de hauteur, et de chemins couverts également revêtus. La Guadiana n'en est éloignée que de deux lieues, Badajoz de quatre, Elvas de six, et Evora de seize. Longitude 11, 12, latitude 38, 28.

OBSERVATION :

Les Anglais ont publié que le duc de Dalmatie avait seulement bloqué Olivença le 11 janvier, et que la famine avait forcé la garnison à se rendre à discrétion le 22 du même mois. La relation du siége que nous donnons ici prouve que cette assertion est erronée.

SIÉGE DE BADAJOZ.

Le 26 janvier 1811, après quelques escarmouches dans lesquelles les Espagnols perdirent quatre pièces de canon et une centaine de prisonniers, la cavalerie de réserve, la 1.re division du 5.me corps, les troupes et les parcs de l'artillerie et du génie, arrivèrent successivement devant Badajoz, par les routes d'Albuhera et d'Olivença. La cavalerie légère, qui avait pris position la première, se battit le reste de la journée. Le soir la garnison, forte de 9000 hommes, se retira dans la place, à l'exception de quelques détachemens qui se trouvaient appuyés par la lunette Picurina (cotée 13), et qui furent contenus par le 27.me régiment de chasseurs à cheval, et le 34.me d'infanterie de ligne. Cette place renfermait en outre une population dont l'ardeur et le patriotisme étaient soutenus par les promesses du marquis de la Romana et du duc de Wellington. Ses magasins contenaient des vivres pour plus de six mois, il ne manquait rien à son armement, et son arsenal était rempli d'une quantité immense d'armes et de munitions.

Le 27, au matin, le général Latour-Maubourg

Pl.

passa la Guadiana à Merida , ensuite la Gevora aux gués, et se porta avec la majeure partie de sa cavalerie sur les routes de Campo-major et d'Elvas. Les troupes qui défendaient Badajoz de ce côté se replièrent également vers le fort San Cristoval et dans la tête de pont. Ainsi la journée fut employée à compléter l'investissement sur les deux rives, à former les campemens et à faire la reconnaissance des fortifications. Les principales avenues furent d'abord fermées par des chaînes de postes, les uns faisant face au-dehors pour s'opposer à l'arrivée des secours, et les autres, du côté de la place, pour être avertis des sorties. Le général en chef reconnut ensuite les environs, examina les positions et les hauteurs qu'il fallait faire occuper par des batteries, donna des ordres pour la construction d'une tête de pont et d'un bac sur la Guadiana, et régla avec le maréchal Mortier et le général du génie Léry, tout ce qui concernait les attaques, les établissemens, les parcs, et la sûreté des quartiers; il fixa le sien sur la droite dans une petite maison de campagne près du fleuve. Le duc de Trévise s'établit au centre près du camp des 21.me et 88.me régimens.

Le général Léry , qui avait la direction du siége, régla par brigades le service des officiers du génie, pour trois différentes attaques. Il en fut de même pour celui de l'artillerie, ainsi que pour les travailleurs d'infanterie et les gardes à fournir.

Le 28, le général Brayer monta la première tranchée. Le capitaine du génie maritime Royon, avec 60 ouvriers de la marine, lança un bac en (A) sur la Guadiana [1], pour établir une communication sur les deux rives. En même temps on prit des mesures pour faire confectionner les saucissons, fascines, piquets et gabions nécessaires aux travaux d'attaque : des détachemens de sapeurs, aidés par des travailleurs d'infanterie, en firent une grande quantité. Les voitures des parcs furent envoyées à Olivença pour y prendre ceux qui provenaient du siége de cette place.

Première nuit, du 28 au 29 janvier.

Les trois attaques dénommées attaque de droite, attaque du centre, et attaque de gauche, furent entreprises simultanément à la nuit tombante.

Le capitaine du génie Vainsot, avec 50 sapeurs et 150 travailleurs d'infanterie, commença à 1000 mètres environ de la lunette 13, les batteries B et C, de trois pièces chacune. Au jour les travailleurs étaient couverts dans les deux batteries.

Le capitaine du génie Andouau, avec le même

---

[1] Les membrures de deux bacs avaient été apportées de Séville.

nombre de travailleurs, commença au centre une troisième batterie D pour 6 pièces, ainsi qu'un boyau de communication pour aller de cette batterie au chemin de Valverde. Au jour on était également à couvert dans cette batterie, mais non dans le boyau, où les travailleurs rencontrèrent un terrein rocailleux et difficile, qui les retarda. D'un autre côté, les assiégés les inquiétèrent beaucoup par des tirailleurs qu'ils lancèrent hors des chemins couverts.

Mais, pour les contenir, le chef de bataillon du génie Cazin fit creuser en avant de cet ouvrage des trous de loup, dans lesquels il logea des voltigeurs. Le capitaine Grégorio (du génie espagnol), qui était chargé de ce travail, disparut pendant la nuit.

L'attaque de gauche fut commencée sur Cerro del Viento, par le capitaine du génie Gillet, avec une égale quantité d'ouvriers qu'aux deux précédentes. Une batterie de 6 pièces E, avec une communication, y fut aussi entreprise : au jour on était à couvert dans cette batterie, quoique le terrein présentât les mêmes obstacles qu'à l'attaque du centre. Le général Léry visita les travaux de ces deux dernières attaques, et reconnut qu'il y aurait de grandes difficultés à les pousser plus loin pendant le jour avec si peu de travailleurs, en conséquence il ordonna de se borner à perfectionner ce qui avait été entrepris pendant la nuit.

Le 29, à dix heures du matin, l'ennemi fit une 1ʳᵉ sortie d'environ 200 hommes contre l'attaque du centre; mais il fut aussitôt repoussé par les gardes de tranchées et les travailleurs réunis. Le sergent des sapeurs Badin, pour lequel la décoration de la Légion d'honneur avait été demandée au siége d'Olivença, fut blessé, ainsi que quatre soldats d'infanterie.

L'ennemi tira beaucoup sans endommager nos ouvrages.

A midi, le général Philippon prit le commandement de la tranchée; deux bataillons en formaient les gardes.

Deuxième nuit, du 29 au 30.

ATTAQUE DE GAUCHE.	ATTAQUE DU CENTRE.	ATTAQUE DE DROITE.
Le capitaine du génie Amillet prit le service de la tranchée avec 21 sapeurs et 150 travailleurs. Il fit ouvrir 150 mètres de boyau de communication pour aller à la batterie E. Le sergent des sapeurs Pauline se fit remarquer par son courage et son activité.	Le capitaine du génie Bagnac, avec 50 sapeurs et 150 travailleurs, monta la tranchée. Il fit augmenter l'épaisseur du parapet, et élargir le terre-plein de la batterie D. La communication fut aussi prolongée de 194 mètres.	Malgré un feu très-vif, dirigé de la place contre cette attaque, le capitaine du génie Lemut, avec 20 sapeurs et 150 travailleurs d'infanterie, continua les travaux des deux batteries B, C, entreprises la veille.

Le 30, pendant la matinée, le maréchal duc

de Trévise visita les attaques, et donna l'ordre de
les pousser avec activité, de manière à être bientôt en mesure de commencer le bombardement
de la ville. L'artillerie s'étant chargée d'achever
les batteries, le génie n'eut à s'occuper que des
communications. Pendant ces vingt-quatre heures,
un grenadier fut tué, et sept travailleurs furent
blessés.

A midi, le colonel Veiland, du 88.ᵐᵉ, prit le
commandement de la tranchée : deux bataillons
d'infanterie en formaient les gardes.

Troisième nuit, du 30 au 31.

ATTAQUE DE GAUCHE.	ATTAQUE DU CENTRE.	ATTAQUE DE DROITE.
Le capitaine Szway- ser était de tranchée : les travailleurs d'in- fanterie ayant man- qué; il n'eut à sa dis- position qu'une tren- taine de sapeurs, et dut se borner à per- fectionner l'ouvrage entrepris la veille. La batterie E fut remise à l'artillerie pour être armée.	Le capitaine An- douaud, avec 5o sa- peurs et 15o travail- leurs, fit ouvrir 36 mètres de boyau sur la gauche de la bat- terie D. Pendant cette opération l'ennemi fit une sortie, et les ou- vriers furent obligés de prendre les armes, ce qui retarda le tra- vail, et fit qu'au jour on ne se trouva pas couvert dans toutes les parties du boyau. L'ennemi perdit quel- ques hommes. L'ar- tillerie commença l'armement de la bat- terie.	Le lieutenant Mul- ler, qui était chargé de diriger les travaux de cette attaque, n'eut que 3o ouvriers d'in- fanterie à sa disposi- tion ; il se borna à les employer à fermer les gorges des deux bat- teries B, C, avec des palissades. L'artille- rie commença les plate-formes, etc.

Le 31, à midi, le colonel Chasseraux, du 40.me, prit le commandement de la tranchée. On ne fit rien pendant vingt-quatre heures à l'attaque de droite, faute de travailleurs. Les pluies survenues en abondance grossirent considérablement les eaux de la Guadiana, et les travaux de marine, dirigés par le capitaine Royou, en souffrirent beaucoup.

Les attaques du centre et de la gauche furent menées comme la veille, c'est-à-dire qu'on se borna à les perfectionner. Vers les quatre heures du soir les travaux furent interrompus par l'ennemi, qui fit une vigoureuse sortie, avec quatre bataillons, deux pièces de canon et deux escadrons. Les travailleurs du centre prirent les armes, et se réunirent avec les gardes de tranchées pour combattre : ils résistèrent d'abord, mais, débordés par leur gauche, ils furent obligés de quitter un instant la tranchée et de se replier sur le camp. Le général Girard accourut à leur secours, à la tête des 1.re, 3.me et 5.me compagnies de sapeurs, de celle du grand duché de Varsovie et du 1.er bataillon du 88,me, reprit l'offensive, et repoussa l'ennemi l'épée dans les reins jusqu'au glacis du fort Pardaleras : en se retirant il laissa un grand nombre de morts, parmi lesquels était le colonel Bassecour, qui dirigeait la sortie. Tous ces mouvemens s'exécutèrent sous le feu le plus terrible :

nous ne perdîmes cependant que peu de monde en proportion des pertes de assiégés ; quelques accidens de terrein nous servirent beaucoup. Nous eûmes un officier et 8 soldats de tués, et 49 blessés. Dès le commencement de l'affaire, la cavalerie espagnole, qui était sortie par la porte de las Palmas, gagna avec vitesse la position de Cerro del Viento, et atteignit le petit nombre de travailleurs qui étaient à l'attaque de gauche. Dans ce moment critique le chef de bataillon du génie Cazin, commandant la brigade de siége, et le capitaine Vainsot, qui se trouvait à cette attaque, réunirent quelques hommes, et firent des prodiges de valeur pour repousser les assaillans ; mais accablés par le nombre, ils succombèrent plutôt que de se rendre. Le commandant Cazin fut tué à coups de sabres et de lances; le capitaine Vainsot reçut dix à onze blessures, et fut laissé pour mort sur la place; il y eut en outre un sapeur tué et 12 blessés.

Le général en chef, informé de cet événement en témoigna le plus grand regret : après avoir ordonné que rien ne fût négligé pour que le capitaine Vainsot reçût les plus prompts secours, il écrivit lui-même au sujet de ces deux officiers au général Léry. On ne peut mieux faire leur éloge qu'en rapportant textuellement la lettre du maréchal.

« Monsieur le Général Léry,

« Je reçois avec la plus vive peine la nouvelle
« de la mort de M. le chef de bataillon Cazin, et
« celle des blessures que M. le capitaine Vainsot
« a reçues. Je regrette sincèrement le commandant
« Cazin, cet officier faisait honneur à son arme.
« Quant au capitaine Vainsot, j'ai l'espoir qu'il
« se rétablira : je vous prie de lui témoigner l'in-
« térêt que je prends à sa situation. »

Le maréchal duc de Trévise manifesta également la douleur qu'il ressentait de la mort du
commandant Cazin. Un ordre du général en chef
prescrivit que la batterie cotée E serait appelée
batterie Cazin, en mémoire de cet officier mort
au champ d'honneur, et celle cotée D, batterie
des Grenadiers. Dans les rapports sur cette affaire on cita le colonel Chasseraux, les chefs de
bataillon Hudry, Marquet et Voirol, les capitaines
du génie Gillet et Andouau ; les aides-de-camp
Mesclop, Muron, Dubourg, Chauvel ; le capitaine
des sapeurs Coste, et le sous-lieutenant Lacroix
de Husson, comme s'étant particulièrement fait
remarquer par leur bravoure. Les officiers Voirol, Chauvin, Lamare, Dautremont, Debénath,
Barrois, Demenon, Pressac, Laporterie et Mahuet,
furent du nombre des blessés.

3

Le 1.er février, à midi, le colonel Remond, du
34.me de ligne, commandait la tranchée, et avait
pour adjoints le chef de bataillon Astruc, du
64.me, et les capitaines d'état-major Laffitte et Mahon. Les pluies qui tombèrent encore abondamment remplirent d'eau les tranchées, et causèrent
beaucoup de retard dans toutes les opérations.
On ne put rien faire aux attaques de droite et de
gauche faute de travailleurs, et cette journée dut
être considérée comme nulle pour les travaux.
Les batteries exigeaient pourtant quelques réparations; mais les troupes assiégeantes étaient en
si petit nombre, qu'elles ne pouvaient suffire à
tous les services que les circonstances exigeaient.
L'artillerie arma les deux batteries cotées B, C,
de deux pièces de 8 et d'un obusier de 6 pouces
chacune; elle travailla aussi à réparer les dégradations occasionnées par le feu de la place, et fit
des rigoles pour l'écoulement des eaux pluviales;
ensuite elle arma la batterie Cazin de deux pièces
de 12, deux de 8, et deux obusiers de 6.

Le soir, le capitaine Lemut employa à l'attaque
du centre 5o sapeurs et 3oo travailleurs; il ouvrit
environ 15o mètres de boyau, et fit élargir et
approfondir ceux que nous désignerons à l'avenir
sous le nom de 1.re parallèle. Il fit en outre élever
une traverse dans la batterie des Grenadiers D.
L'artillerie, dirigée par le capitaine Levasseur,

rétablit de son côté les épaulemens dégradés par le feu de la place, et arma cette batterie de deux pièces de 12, deux de 8, deux obusiers et deux petits mortiers. Le lieutenant Emy arma la batterie F, qui avait été élevée la veille par l'artillerie, d'un mortier de 12 pouces et d'un de 10, et en commença une autre, cotée G, à la droite de celle-ci, pour deux obusiers de 8 pouces; elle fut liée plus tard à la première par un boyau de communication. Pendant la nuit, environ 300 hommes sortirent de nouveau de la place, par la porte de la Trinidad, dans l'intention de chasser nos travailleurs; mais les voltigeurs de garde, qui étaient logés dans des trous de loup, les contraignirent à se retirer. Notre perte, pendant les vingt-quatre heures, fut d'un homme tué et deux blessés.

Le 2, à midi, le colonel Vigent, du 64.me, prit le commandement de la tranchée; le chef de bataillon Pichard, et les capitaines Fruneau et Bertin, lui furent adjoints. Le chef de bataillon Lamare remplaça le chef de bataillon Cazin dans le commandement de la brigade de siége.

Les mêmes obstacles qui avaient eu lieu précédemment se renouvelèrent encore; à l'attaque de droite, le manque d'ouvriers pouvait devenir très-funeste à l'armée, par les retards que les opérations du siége éprouvaient. Les communications étaient devenues très-difficiles par la grande quan-

tité de pluie qui était tombée depuis plusieurs
jours; on chercha à réparer le mal occasionné
par le mauvais temps et le canon de la place.
Pendant la nuit les vents soufflaient avec impétuosité, la pluie tombait par torrens, les ruisseaux
du Calamon et du Rivillas sortirent de leurs lits
et causèrent la submersion de tous les environs,
les ponts furent enlevés, et les communications
des attaques de droite et du centre interrompues,
des hommes et des chevaux d'artillerie se noyèrent,
le parc et les magasins de munitions établis en
arrière du camp furent menacés des plus grands
dangers; on ne pouvait approvisionner les batteries qu'avec des peines infinies. Ces accidens imprévus causèrent beaucoup d'inquiétudes et d'em-
barras, et firent craindre un instant que les troupes
ne vinssent à se décourager contre des obstacles
que les rigueurs de la saison faisaient renaître
sans interruption. Fatiguées par les bivouacs et
les combats qu'elles avaient à soutenir journellement contre une nombreuse garnison, elles ne
pouvaient fournir qu'un très-petit nombre de travailleurs : un ennemi bien plus terrible, contre
lequel elles avaient encore à lutter, était la famine;
les distributions de vivres ne se faisaient plus
régulièrement, aucun village n'obéissait aux ré-
quisitions, et l'état de faiblesse de l'armée ne
permettait pas d'envoyer des détachemens assez

loin pour se procurer du blé : on fut donc obligé de se nourrir pendant quelque temps de viande et d'endurer des privations qui occasionnèrent beaucoup de maladies. La division Gazan, qui était attendue, pouvait seule améliorer notre situation ; toutefois des ordres furent donnés pour faire jalonner les chemins et les gués; enfin l'opiniâtreté que l'on mit dans toutes les opérations en assura le succès. Au milieu de ces difficultés l'ennemi faisait un feu très-vif sur nos ouvrages : un officier du 64.me, un sergent de sapeurs de la 5.me compagnie du 2.me bataillon, un caporal de celle du grand duché de Varsovie, et 5 soldats d'infanterie, furent tués; il y eut en outre 16 blessés.

Le 3, le général Brayer commandait la tranchée; il avait sous ses ordres l'adjudant·commandant Mocquery, et le chef de bataillon Monnot. Après midi la division Gazan, forte d'environ 5000 hommes, arriva au camp : on sait qu'elle était restée en arrière pour protéger les parcs, que l'on ne put faire venir que par convois successifs, faute de moyens de transports. Dès-lors on vit renaître l'espoir de pousser le siége avec plus de succès, et les troupes furent animées d'une nouvelle ardeur. Néanmoins on ne put faire travailler encore à l'attaque de droite, les mêmes raisons que les jours précédens s'y opposèrent; on se borna à faire nettoyer les boyaux des at-

taques du centre et de gauche, qui étaient inon-
dés et remplis de boue. Le petit nombre de travailleurs qui fut fourni ne permit pas de pousser
plus loin les travaux; il fallut faire un détour de
plus d'une lieue pour communiquer du parc à
l'attaque de droite et à celle du centre, les ponts
n'ayant pu être rétablis de suite.

rtie
'er.

Vers les quatre heures du soir les assiégés firent
une nouvelle sortie d'environ 1500 hommes d'infanterie et deux escadrons de cavalerie; ils débouchèrent par la porte de las Palmas, par les
chemins couverts du front 2, 3, et par la droite
de Pardaleras, en se portant avec vivacité sur nos
ouvrages. Les sapeurs et les travailleurs, ayant
pris les armes, se joignirent, pour contenir l'ennemi, à deux compagnies de grenadiers du 64.ᵐᵉ,
et une compagnie de voltigeurs du 88.ᵐᵉ, de garde
à la tranchée; mais ces troupes ne se trouvant
pas en force, furent obligées de se replier en-deçà
de la parallèle, dans la batterie D, où elles se
maintinrent jusqu'à l'arrivée des renforts. Dans
ces intervalles les assiégés réussirent à combler
une longueur de 28 à 30 mètres de boyau; mais
un bataillon du 21.ᵐᵉ, un du 88.ᵐᵉ, deux compagnies du 100.ᵐᵉ, et trois escadrons du 4.ᵐᵉ de dragons, à la tête desquels se trouvait le maréchal
Mortier, arrivèrent aussitôt, et obligèrent l'ennemi à rentrer précipitamment dans la place par

les chemins couverts, en franchissant les palissades. Le maréchal donna des éloges aux troupes, et particulièrement au colonel Farine, du 4.ᵐᵉ de dragons, qui, voyant la gauche de la parallèle débordée, se porta en avant de Cerro del Viento, pour charger les Espagnols en flanc, malgré une forte canonnade dirigée contre lui. D'après divers rapports qui lui furent adressés, le maréchal cita, comme s'étant particulièrement distingués, les chefs de bataillon Dubary et Monnot, du 88.ᵐᵉ; Mesclop, aide-de-camp (blessé), les capitaines de grenadiers du 64.ᵐᵉ, Chevaillot et Ballisle (blessés), et les officiers du 88.ᵐᵉ; Penier (blessé), Belperon, Merle, Demusel, Darras et Plainville; dans la cavalerie, le capitaine Gerville, pour lequel on renouvela la demande du grade de chef d'escadron : on fit aussi mention du zèle et du dévouement du chirurgien Baudoin, qui pansa les blessés au milieu des coups de mitraille. Le capitaine du génie Bagnac, qui marcha avec les grenadiers, se fit également remarquer pendant toute l'action. Notre perte fut de 8 officiers blessés, 11 soldats tués et 67 blessés, dont 42 grenadiers; 4 chevaux tués et 2 blessés. Celle de l'ennemi fut présumée plus considérable, la batterie Cazin (E) lui ayant fait beaucoup de mal. Cette batterie tira 124 coups, dont 12 à mitraille.

Le soir on reprit les travaux de l'attaque du

centre; 3o sapeurs et 228 travailleurs d'infanterie furent employés à rétablir les dégradations
occasionnées par la sortie et par le canon de la
place; on travailla encore à élargir la 1.ʳᵉ parallèle et à épaissir les parapets.

A l'attaque de gauche, on employa 20 sapeurs
et 100 travailleurs à perfectionner la communication de la batterie Cazin (E).

A onze heures du soir, les batteries F et G étant
armées, le capitaine d'artillerie l'Espagnol fit tirer
sur la ville une grande quantité de bombes et
d'obus de 6, de 8, de 10 et de 12 pouces. Bientôt après la confusion se mit parmi les habitans;
les bombes et les obus éclataient dans les maisons, dans les rues et sur les places publiques;
le feu se manifesta dans plusieurs quartiers; les
vieillards, les femmes et les enfans, effrayés,
poussaient des cris qui se faisaient entendre jusque dans notre camp; ils fuyaient de leurs demeures pour chercher un abri dans les églises et
sous quelques frêles édifices qu'ils croyaient à
l'épreuve; beaucoup d'entr'eux sortirent de la
ville par la porte de las Palmas, et se réfugièrent
sur la rive droite de la Guadiana. Au milieu de ce
désastre, la garnison irritée redoubla son feu sur
nos ouvrages, sans cependant produire un grand
effet [1]. Pendant ces vingt-quatre heures l'artillerie

_____

[1] Ce bombardement n'eut aucune influence sur le gouverneur

eut 2 hommes tués et 9 blessés ; le génie, un sapeur tué et 5 blessés ; et l'infanterie, 11 hommes tués et 75 blessés, officiers compris.

Le 4, à midi, le général Philippon reprit le commandement de la tranchée ; le chef d'escadron Tholosé, le chef de bataillon Guerrain, et l'adjoint à l'état-major Thevenin, étaient de service près de ce général. Deux bataillons formaient, comme de coutume, les gardes des différentes attaques.

ni sur la garnison ; il fut en pure perte pour notre matériel, qui n'était déjà que trop insuffisant. Il est surprenant qu'avec l'opinion qu'ont généralement les militaires sur l'inefficacité de ce moyen, puisqu'il n'a jamais contraint une place bien défendue à se rendre, on ait pu l'employer devant Badajoz où nous manquions de projectiles creux pour remplir l'objet qu'on devait principalement avoir en vue, celui de chasser l'assiégé des fortifications et d'éteindre le feu de ses batteries, afin de faciliter les approches et de hâter la reddition de la place. Nous faisons cette remarque pour faire sentir que tous les efforts de l'artillerie doivent, à moins de circonstances accidentelles, être dirigés exclusivement contre les fortifications et les établissemens militaires qui servent à la défense ; et qu'il faut abandonner l'usage barbare de bombarder les villes dans l'unique but de les détruire avec fracas et de ruiner les habitans, attendu qu'outre les dépenses onéreuses que cette méthode occasionne, elle devient préjudiciable aux assiégeans après la prise de la place ; et si, contre toute attente, ils sont obligés de lever le siége et de se retirer, il ne leur reste que la honte d'avoir employé vainement d'affreux moyens, faits pour souiller les annales militaires, comme nos ennemis en donnèrent l'exemple à Lille, à Thionville, à Dunkerque, etc.

Depuis l'arrivée de la division Gazan, l'armée organisée pour l'expédition de l'Estramadure se trouvait tout entière devant Badajoz : cette place, comme nous l'avons déjà dit, était pourvue abondamment de vivres et de munitions ; et la garnison, qui comptait 9000 combattans, annonçait la résolution de faire une résistance des plus opiniâtres : la confiance qu'elle avait dans le gouverneur Menacho, dont celui-ci sut se montrer digne, et l'opinion que les fortifications qu'elle avait à défendre étaient des boulevards inexpugnables, contre lesquels les efforts des Français viendraient échouer, exaltaient son courage : enfin l'espoir d'être bientôt délivrée par l'armée du général la Romana [1], ou par celle de lord Wellington, portait son enthousiasme au plus haut degré. Les sorties multipliées avaient forcé nos troupes à se tenir constamment sur le qui-vive, en sorte que les travailleurs n'avaient pu être fournis qu'en très-petit nombre : le mauvais temps augmentait encore ces difficultés, tout semblait favorable aux Espagnols ; et l'on peut dire avec raison que les journées du 1.er, du 2 et du 3, furent absolument nulles pour les travaux.

Notre perte, pendant ces vingt-quatre heures,

---

[1] Le marquis de la Romana, général espagnol, mourut presque subitement le 23 janvier 1811. Le bruit courut qu'il avait été empoisonné.

fut de 3 sapeurs et 5 travailleurs d'infanterie blessés. Le sapeur Bucker, quoique blessé, ne voulut pas quitter le travail avant d'avoir été relevé.

Cinquième nuit, du 4 au 5 février.

ATTAQUE DE GAUCHE.

A quatre heures du soir, le capitaine Martin monta la tranchée avec 50 travailleurs seulement ; il fit ouvrir, pendant la nuit, 70 mètres de boyau à la gauche de la batterie Cazin (E), afin d'assurer les derrières de cette batterie contre les sorties : ensuite, il fit réparer la partie de droite, qui avait été endommagée par les pluies et le feu de la place.

On commença un retranchement en avant du camp du 4.ᵐᵉ de dragons, et une batterie sur la droite, pour le défendre contre les sorties.

ATTAQUE DU CENTRE.

Le capitaine du génie Lefaivre, de tranchée à la même heure avec 30 sapeurs et 250 travailleurs d'infanterie, fit rétablir et prolonger d'environ 110 mètres la parallèle : ensuite il traça la batterie cotée H, qui fut dirigée contre la couronne de Pardaleras, pour ricocher la face droite de cet ouvrage.

ATTAQUE DE DROITE.

A la même heure, le capitaine Lemut monta la tranchée à cette attaque : comme il ne lui fut fourni que très-peu de travailleurs, il se borna à faire rétablir les dégradations occasionnées aux deux batteries B, C, par les pluies et le canon de la place.

Le commandement de la tranchée fut confié le 5 au général Maransin, qui avait sous ses ordres le colonel Hulot, le chef de bataillon Bonnet, le lieutenant d'état-major Brzozowiski, et deux bataillons de garde. Le feu de la place fut très-vif pendant cette journée, et particulièrement dirigé sur les batteries B, C, de l'attaque de droite, où une de nos pièces de canon fut démontée et son affût mis hors de service. Ces deux batteries répondirent par 76 coups de canon : celle des Grenadiers, à l'attaque du centre, tira 235 coups. La batterie de mortiers continua le bombardement, et lança 26 bombes de 10 et 12 pouces, et 24 obus de 8.

Sixième nuit, du 5 au 6 février.

ATTAQUE DE GAUCHE.

Le capitaine Bagnac, de tranchée à cinq heures du soir avec 10 sapeurs et 100 travailleurs d'infanterie, fit prolonger de 200 mètres la communication de droite de la batterie Cazin (E): ce travail eut toujours pour but de défendre cette batterie contre les sorties.

Le capitaine Lefaivre continua le retranchement et la batterie en avant du 4.ᵐᵉ de dragons.

ATTAQUE DU CENTRE.

Le capitaine Andouan monta la tranchée à cette attaque, à la même heure, avec 30 sapeurs et 200 travailleurs, et fit continuer la batterie H, commencée la veille, et travailler au perfectionnement de la parallèle. Les terres étant très-mouillées, offrirent beaucoup de difficultés : de manière qu'au jour le travail était peu avancé.

ATTAQUE DE DROITE.

Le capitaine Lamortelle était de service à cette attaque, avec 10 sapeurs et 60 travailleurs; il fit commencer des fossés aux gorges des bateries B, C, et les fit palissader de manière à en faire des redoutes. Le chef de bataillon Lamare traça une troisième batterie, cotée I, près de la route de Talavera, afin d'appuyer la ligne de contrevallation que l'on devait faire ultérieurement. Le capitaine Lemut, avec 50 travailleurs, fit aussitôt entreprendre cette troisième batterie.

Depuis les premières opérations du siége, la cavalerie de réserve, aux ordres du général Latour-Maubourg, faisait des incursions en Portugal, et se présentait alternativement devant les places d'Elvas et de Campo-Major : dans les différentes rencontres qu'elle eut avec l'ennemi, elle lui occasionna des pertes et lui fit des prisonniers. Cependant lord Wellington, informé que le duc de Dalmatie s'avançait avec les troupes disponibles de l'armée du midi, prévit qu'il ne se bornerait pas à menacer vainement la frontière du Portugal : il détacha un corps espagnol de son armée sur ce point, pour s'opposer à la marche du maréchal; mais ces mouvemens tardifs n'empêchèrent pas la prise d'Olivença et le siége de Badajoz. Ce ne fut que le 6, à la pointe du jour, que ce corps parut sur les hauteurs en avant du fort San Cristoval, et qu'il se mit en communication avec les assiégés. Le général Mendizabal avait remplacé le marquis de la Romana dans le commandement des troupes.

A l'arrivée de Mendizabal, la cavalerie de réserve, qui formait l'investissement de la place sur la rive droite du fleuve, fut obligée de se retirer derrière la Gevora. Toutefois le général Latour-Maubourg eut ordre de faire quelques tentatives pour rétablir l'investissement; il se présenta vers les trois heures après midi devant la

cavalerie portugaise, qui était venue se former
sur la rive gauche de cette rivière, la chargea, et
la culbuta sur l'autre rive, en lui faisant éprouver une perte assez considérable d'hommes et de
chevaux. Malgré cet avantage, il ne put reprendre
sa position en avant de San Cristoval, les Espagnols étant trop forts sur ce point. Dans cet en-
gagement, le 14.me régiment de dragons acquit
beaucoup de gloire en forçant le passage du pont
W de la Gevora sous le feu de la mitraille; les
26me de dragons, 4.me et 21.me de chasseurs à cheval, 2.me et 10.me de hussards, qui étaient commandés par les généraux Bouviers-des-Eclats et
Briche, se distinguèrent aussi particulièrement.

Le colonel Prœfke prit le commandement de
la tranchée dans l'après-midi du 6, ayant près de
lui le colonel Després, le chef de bataillon Marquet, et le lieutenant d'état-major Fabreguette.
Deux bataillons formaient les gardes comme de
coutume.

Pendant la nuit qui suivit, le mauvais temps et
le petit nombre de travailleurs dont il était possible de disposer, ne permirent pas de pousser
plus loin les attaques : le général Léry ordonna
seulement la réparation des parties dégradées par
le feu de l'ennemi, et le perfectionnement de
ceux entrepris la veille. Une nouvelle batterie
(cotée K) fut tracée sur les bords de la Guadiana.

Les assiégés parurent occupés de quelques mouvemens intérieurs : leur feu, pendant ces vingt-quatre heures, fut moins vif, et nous n'eûmes que deux blessés.

Le 7 à midi, le colonel Quiot avait le commandement de la tranchée : le chef de bataillon Brun, le capitaine Ricard, aide-de-camp, le chef de bataillon Redoual, et le lieutenant Bochini, étaient de service sous ses ordres.

Huitième nuit, du 7 au 8 février.

ATTAQUE DE GAUCHE.	ATTAQUE DU CENTRE.	ATTAQUE DE DROITE.
Le capitaine Martin, avec 150 travailleurs, prit le service de cette attaque à quatre heures du soir, et fit ouvrir une deuxième communication en arrière de la batterie Cazin (E), pour en faciliter l'approche, devenue très-périlleuse par le feu continuel des assiégés, dirigé contre cette batterie. La batterie K fut commencée par le capitaine Lefaivre avec 100 travailleurs, et reçut le nom de batterie des Fusiliers.	Le capitaine Lemut monta la tranchée à la même heure, au centre, avec 25 sapeurs et 100 travailleurs d'infanterie. Cet officier fut blessé dans la tranchée d'une balle qui lui traversa la jambe. Un instant après, les assiégés firent une sortie : les travailleurs furent dérangés pour prendre les armes et combattre avec les autres troupes : les travaux en souffrirent, et furent très-retardés pendant cette nuit.	Le lieutenant Bruchon, de tranchée à cette attaque, continua le travail des batteries B, C, I, qu'on espérait achever sans la sortie survenue. Cet officier fut blessé mortellement. Pendant la nuit l'artillerie jeta dans la ville des batteries F, G, 18 bombes de 12 pouces, 22 de 10, et 48 obus de 8.

Divers mouvemens qu'on avait remarqués sur les hauteurs en avant de San Cristoval et sur la route d'Elvas, firent croire, dans la matinée, que l'ennemi se préparait à une attaque vigoureuse. En effet la garnison, renforcée des troupes espagnoles venues du Portugal sous le commandement de Mendizabal, sortit de la place vers trois heures de l'après-midi, au nombre de 6 à 7 mille combattans, dont environ 3oo de cavalerie. Les premières démonstrations, protégées par une canonnade des plus vives, eurent lieu sur nos ouvrages de gauche. La division Gazan, qui était sous les armes, appuyée par le 4.ᵐᵉ régiment de dragons, se porta jusque sous le canon de la place : à la vue de cette division, les assiégés rentrèrent précipitamment dans les chemins couverts. Le maréchal duc de Trévise, pénétrant les desseins de l'ennemi, dont les efforts antérieurs sur ces points avaient été infructueux, portait son attention vers la droite, où l'ennemi ne tarda pas à diriger toutes ses forces. Le 2.ᵐᵉ bataillon du 28.ᵐᵉ léger, et le 1.ᵉʳ du 100.ᵐᵉ de ligne, envoyés d'avance sur la route d'Albuhera pour renforcer la partie droite, étaient déjà en position, lorsque les assiégés, après avoir disposé leurs colonnes derrière les lunettes 13 et 14, ainsi que dans les chemins couverts qui lient ces deux ouvrages, attaquèrent les batteries B, C, I, faiblement armées, avec une telle vivacité que les troupes qui les défendaient furent contraintes de les abandonner.

En ce moment le capitaine d'artillerie Cazeaux et le capitaine Lemu, du 34.ᵐᵉ, sont tués, le lieutenant des sapeurs Bruchon blessé à mort, et les batteries tombent au pouvoir des assiégés. Cependant le duc de Trévise donne l'ordre au général Girard d'attaquer l'ennemi de front avec le bataillon du 28.ᵐᵉ, deux bataillons du 34.ᵐᵉ, et deux bataillons du 40.ᵐᵉ, tandis que deux bataillons des 64.ᵐᵉ et 88.ᵐᵉ, à la tête desquels étaient les colonels Veiland et Chasseraux, le prennent en flanc, et menacent de lui couper la retraite. Le combat s'engage avec le plus grand acharnement, nos troupes abordent les Espagnols à la baïonnette, les culbutent hors des batteries, et les rejettent en arrière. Leur réserve fait alors un mouvement en avant pour soutenir le choc, mais elle est bientôt entraînée à son tour par la fuite des premières colonnes. Chargés sur tous les points, et près d'être coupés par les 64.ᵐᵉ et 88.ᵐᵉ, les assiégés ne trouvent de sûreté que dans leurs ouvrages, où ils se retirent en désordre. Telle fut l'issue d'une sortie dont les alliés attendaient les plus heureux résultats, mais qui fut hasardée de trop loin pour ne pas être repoussée avec de grandes pertes. Nos troupes se conduisirent avec leur valeur accoutumée : la 2.ᵐᵉ compagnie du 3.ᵐᵉ régiment d'artillerie à cheval contribua, par un feu des plus vifs, au succès de cette journée, et augmenta beaucoup les pertes de l'ennemi. Le duc de Trévise cita honorablement les généraux Gazan et Girard, qui marchaient à la tête des colonnes et leur montraient l'exemple; il cita aussi les généraux de brigade Brayer et Philippon; les colonels Quiot, Veiland, Vigent (blessé): les chefs de bataillon Pichard, Camus, Vagten, Bonnet, Voirol, Hudry, chef de l'état-major de la 1.re division, et le chef de bataillon d'Arnaud, aide-de-camp (blessé); les capitaines Gritte, Pinel, Hurtaut, du 34.me : Lamare, Lalande, Robert, du 40.me; Chevaillot, Gui, Mouillaud, du 64.me; d'Arras, Neveu et Brassot, du 88.me. Notre perte fut considérable : le colonel Vigent mourut de ses blessures; 6 officiers furent tués, 25 blessés ; 48 soldats tués, et 337 blessés. La perte des assiégés fut beaucoup plus grande ; d'après la quantité de morts restés sur le champ de bataille, on présuma qu'elle était de 6 à 700 hommes : le brigadier de Zamora et plusieurs officiers furent tués près des batteries. Les Espagnols montrèrent beaucoup de résolution, et ne rentrèrent dans la place qu'après avoir fait les plus grands efforts pour repousser les assiégeans.

Il est difficile de concevoir qu'avec des forces aussi considérables que celles dont pouvait disposer le général Mendizabal, il ait laissé au duc de Dalmatie le loisir de faire le siége de Badajoz, et de l'attaquer même dans son camp, comme on le verra plus loin. Cette conduite tenait sans doute au faux systême trop souvent suivi de s'opposer seulement de front à la marche d'une armée d'invasion. Mendizabal aurait dû ne laisser dans la place qu'une garnison de 6000 hommes, tenir ensuite la campagne avec ses autres troupes sur la rive gauche de la Guadiana, occuper les défilés de la Sierra, et agir sur nos derrières, de manière à couper notre ligne d'opérations avec Séville. Cette manœuvre eût été d'autant plus sûre, que la supériorité numérique de ses forces, et les secours qu'il pouvait attendre du patriotisme des habitans, lui donnaient toutes les garanties possibles de succès. Dans cette hypothèse, le duc de Dalmatie eût été obligé de diviser sa petite armée, d'envoyer un fort détachement pour le contenir; et peut-être aurait-il été forcé, non-seulement de ralentir le siége de Badajoz, mais encore de renoncer tout-à-fait à cette entreprise. Le général espagnol n'était point à la hauteur des conceptions et de la tactique militaire de son adversaire; et, par une maladresse inconcevable, au lieu de manœuvrer, Mendizabal s'obstina à défendre Badajoz sous ses murs : il fut vaincu, et devait l'être.

Le 8, le colonel Veiland monta la tranchée; le chef de bataillon Vagten, les capitaines Petiet et

4.

Latterie, étaient de service près de lui. Un ordre du jour du général en chef décida que les batteries cotées B, C, I, porteraient les noms de Cazeaux, Bruchon, et Lemu, en mémoire de ces officiers morts glorieusement pendant la sortie du 7; celle cotée H reçut le nom de batterie des Carabiniers. Notre perte à la tranchée fut de 2 hommes tués et 8 blessés.

Neuvième nuit, du 8 au 9 février.

ATTAQUE DE GAUCHE.	ATTAQUE DU CENTRE.	ATTAQUE DE DROITE.
7 sapeurs et 100 travailleurs, commandés par leurs officiers, achevèrent, à peu près le boyau de gauche de la batterie Cazin (E).	Le capitaine Andouau monta la tranchée, à l'heure ordinaire, avec 20 sapeurs et 150 travailleurs d'infanterie; il fit continuer le travail entrepris la veille, et commença une nouvelle batterie L. La communication en arrière de la batterie des Grenadiers (D), près du ruisseau de Calamon, fut achevée. En outre il ouvrit à la queue de la tranchée 40 mètres de boyau, pour en faciliter l'entrée, devenue très-périlleuse par le feu continuel de la lunette 13.	Le capitaine Lamorlette monta également la tranchée, à l'heure ordinaire, à cette attaque, et fit placer des abattis pour garantir les gorges des deux batteries Cazeaux et Bruchon (B, C). Les travailleurs n'étant venus qu'en petit nombre, il fut obligé de suspendre le travail de la redoute Lemu (I).
Vers le soir on acheva la batterie K, et l'on commença un boyau à la droite de cette batterie, pour la lier ultérieurement à la parallèle : on espérait pouvoir en même temps cheminer sur la capitale du bastion 2, que l'on considérait avec raison comme le plus faible et le vrai point d'attaque, dans l'hypothèse que nous redeviendrions les maîtres de la rive droite de la Guadiana.		Le chef de bataillon Lamare traça une ligne de contrevallation en forme de crémaillère, pour lier les trois batteries et s'opposer aux sorties: 100 travailleurs y furent employés.

Le 9 au matin, le corps de Mendizabal était en position sur les hauteurs en avant de San Cristoval, paraissant ainsi renoncer à de nouvelles tentatives contre les travaux de la rive gauche. A midi, le colonel Chassereaux commandait la tranchée; il avait pour adjoints le chef de bataillon Lapierre et le capitaine Destabeuralh. Les gardes étaient, comme à l'ordinaire, formées de deux bataillons. Nos pertes, pendant les vingt-quatre heures, furent de 2 hommes tués et 7 blessés.

Dixième nuit, du 9 au 10 février.

ATTAQUE DE GAUCHE.

Le capitaine Amillet était de service à cette attaque, à quatre heures; il continua de perfectionner le travail entrepris la veille. Des sources inondaient les boyaux, et l'on fut obligé de former des rigoles pour les détourner et les diriger à l'extérieur.

La partie de la parallèle liée à la batterie K, fut aussi fort avancée.

ATTAQUE DU CENTRE.

Le capitaine Gillet était également de service à cette attaque, avec 15 sapeurs et 150 travailleurs : une partie fut employée à masser la batterie L, et l'autre à déblayer la tranchée, encombrée par de gros blocs de pierre provenant d'une carrière qui se trouvait dans les excavations pratiquées pour former la communication de cette batterie. Pendant le travail le feu de la place fut très-vif, et inquiéta nos ouvriers. La batterie L reçut le nom de batterie des Voltigeurs.

ATTAQUE DE DROITE.

La ligne de contre-vallation fut continuée à la droite de la redoute Lemu (I), sur une longueur d'environ 200 mètres : le lieutenant Lessard y employa 5 sapeurs et 100 travailleurs d'infanterie. Le feu de la place fut également très-vif sur cette attaque. On traça aussi un petit ouvrage sur la rive droite du fleuve en amont de la ville, en P, pour protéger les bacs qui y avaient été établis : l'artillerie y mit deux pièces en batterie.

Le 10 à midi, le colonel Remond, du 34.ᵐᶜ, prit le commandement; le chef d'Escadron Saint-Chamans, aide-de-camp, le chef de bataillon Bigot, et le capitaine Dandelaud, lui étaient adjoints. Deux bataillons formaient les gardes de tranchées. Dans l'après-midi, une patrouille espagnole se présenta pour reconnaître la tête de pont cotée P, et se retira, après avoir essuyé une décharge de mousqueterie de la part de nos pontonniers.

Onzième nuit, du 10 au 11 février.

ATTAQUE DE GAUCHE.	ATTAQUE DU CENTRE.	ATTAQUE DE DROITE.
Le capitaine Martin, avec 5 sapeurs et 100 travailleurs, monta la tranchée à cette attaque; il termina les travaux de Cerro del Viento, dont il ne sera plus question : en même temps il fit travailler à la batterie des Fusiliers (K). La communication en arrière fut achevée dans la nuit.	Le lieutenant Marcelot était de service à la même heure, avec 15 sapeurs et 150 travailleurs; il termina la batterie des Voltigeurs (L), ainsi que la portion de parallèle qui lie cette batterie à celle cotée H. L'artillerie s'occupa aussitôt de l'armement de celle-ci, qui reçut le nom de batterie des Carabiniers.	Le lieutenant Muller, de tranchée à la même heure, fit perfectionner la ligne de contrevallation entre les redoutes Cazeau, Bruchon et Lemu (B, C, I).

PRISE DU FORT PARDALERAS.

Le 11 à midi, le colonel Mocquery commandait la tranchée de l'attaque de droite; celle du centre était commandée par le colonel Rignoux : ils avaient pour adjoints le chef de bataillon Armandrin et le capitaine Pressant.

Le général en chef, voulant hasarder un de ces coups audacieux qui réussissent souvent à la guerre, résolut de faire attaquer Pardaleras de vive force. En conséquence, l'artillerie dirigea sur cet ouvrage le feu des batteries des Carabiniers (H) et des voltigeurs (L), commandées par les capitaines l'Espagnol et Quiot. A quatre heures, le chef de bataillon du génie Lamare prit le service de la tranchée, et, de concert avec le colonel Rignoux, il disposa les moyens d'attaque. 400 hommes, grenadiers et voltigeurs, des 21.me et 28.me légers, 100.me et 103.me de ligne, sous le commandement du chef de bataillon Guérin, et 60 sapeurs sous celui du capitaine Coste, arrivèrent successivement dans la parallèle, où il furent divisés en deux colonnes, et rangés à droite et à gauche de la capitale du bastion du fort Pardaleras. Vers les sept heures, au signal donné par le colonel Rignoux, ces colonnes sortirent par une ouverture pratiquée dans le parapet au point d'intersection M de la capitale et de la parallèle : celle de droite, la gauche en tête, fit son mouvement par le flanc gauche et par file à droite : celle de gauche exécuta le sien en même temps par le flanc droit et par file à gauche : les deux colonnes

marchèrent ainsi au pas accéléré, dans le plus
grand silence, et à la faveur d'une profonde obscurité, dans le prolongement de la capitale jusqu'à
la crête du saillant du glacis du fort, où elles prirent
chacune une direction divergente à droite et à
gauche, en suivant le glacis, pour forcer l'ouvrage par la gorge, laquelle, par une imprévoyance extrême, n'était fermée que par un simple
rang de palissades. Les sapeurs, qui formaient
têtes de colonnes, étaient armés de haches, et
l'infanterie portait des fascines. Outre leurs officiers respectifs, ces troupes avaient avec elles les
capitaines du génie Andouau et Bagnac, les aides-
de-camp du duc de Dalmatie, Petiet, de Choiseul,
et Lafitte. La colonne de droite s'égara dans sa
marche : au lieu de se rendre à la gorge, elle
se jeta dans la place d'armes rentrante de la courtine, et descendit dans le fossé par le pas de souris.
Le capitaine des sapeurs Coste, qui par son zèle
et sa bravoure se signala dans toutes les occasions,
sut dans celle-ci profiter de la méprise qui venait
de se commettre ; et, comme si la fortune eût été
d'intelligence avec lui, il découvre une poterne
entr'ouverte près de l'angle flanqué, s'élance
l'épée à la main vers la porte, la pousse avec violence, blesse un officier espagnol qui arrivait
pour la fermer, se précipite dans l'intérieur de
l'ouvrage, suivi d'une partie de sa petite colonne,

renverse tout ce qui veut s'opposer à sa marche, monte sur le parapet, et par un cri de *victoire!* annonce que les Français sont maîtres du fort. Cependant la colonne de gauche arrive à la gorge, les palissades cèdent bientôt aux coups de haches de nos braves sapeurs. La garnison, surprise, épouvantée, se voyant assaillie de toutes parts, prend la fuite par la communication, et se retire dans la place, laissant quelques morts et plusieurs blessés, 62 prisonniers, dont 4 officiers, 4 pièces de canon, un obusier, un mortier, et quelques munitions.

Cette action nous coûta 2 sapeurs tués et 2 blessés, dont un sergent nommé Vincent, qui marchait avec la colonne de gauche; l'infanterie eut 2 hommes tués et 30 blessés : le chef de bataillon Guérin et le capitaine Coste le furent aussi légèrement. Les capitaines Stéphani et Fraujou, et le sous-lieutenant Massoni, se distinguèrent particulièrement.

Après cet événement, l'ennemi resta quelques heures dans un état d'inaction qui fit présumer que l'échec qu'il venait d'éprouver lui avait causé beaucoup d'effroi et d'abattement. Néanmoins, avant l'aube du jour, il recommença le feu avec une nouvelle ardeur; mais le chef de bataillon Lamare s'était hâté de faire fermer la gorge de l'ouvrage par un bon retranchement, derrière lequel nos troupes étaient déjà à couvert : ainsi tous les efforts de l'ennemi furent inutiles, et il n'osa jamais tenter de nous en déloger. Au jour, l'artillerie essaya de tourner le canon du fort contre la place; mais le feu continuel de bombes, de mitraille et de mousqueterie, la contraignit de suspendre ses travaux. Le capitaine d'artillerie Levasseur y fut blessé, ainsi que plusieurs canonniers.

Douzième nuit, du 11 au 12 février.

ATTAQUE DE GAUCHE.	ATTAQUE DU CENTRE.	ATTAQUE DE DROITE.
Le lieutenant Jasinsky était de tranchée à cette attaque avec 5 sapeurs et 50 travailleurs d'infanterie, et perfectionna la communication en arrière de la batterie des Fusiliers (K). L'artillerie, de son côté, commença une 2.me batterie de 2 pièces cotée Q , pour protéger la première contre les sorties des assiégés : travail dont l'utilité ne fut jamais démontrée.	On rétablit à cette attaque la partie de la parallèle dégradée par le feu de la place, ensuite on continua le perfectionnement des ouvrages. En même temps un détachement de sapeurs, dirigé par le lieutenant Riffa, fut employé à la construction de quatre petits ponts N, N, O, O, commencés sur la Rivillas et le Calamon, pour assurer la communication du centre avec la droite.	Le capitaine Lamorlette était de service à l'heure ordinaire, avec 5 sapeurs et 100 travailleurs; il les employa à rétablir les dégradations faites par le canon de la place aux redoutes et à la ligne de contrevallation, que l'on dut considérer dès ce moment comme achevée. Pendant la nuit, il reçut l'ordre de venir à Pardaleras avec ses travailleurs.

Les batteries de mortiers F G continuèrent le bombardement. Notre perte pendant les vingt-quatre heures fut de 3 officiers légèrement blessés, 5 soldats tués et 43 blessés.

Le 12, à midi, le colonel Lagarde, du 21.me, prit le commandement de la tranchée; le chef de bataillon Becker et les capitaines Mahon et Ricard lui étaient adjoints.

Treizième nuit, du 12 au 13 février.

ATTAQUE DE GAUCHE.

A quatre heures après midi, le capitaine Sýwaser, avec 5 sapeurs et 100 travailleurs, continua le boyau à droite de la batterie des Fusiliers (.K), dans la direction de celle des Voltigeurs : travail qui eut pour but de réunir l'attaque de gauche à celle du centre, et de former une parallèle.

ATTAQUE DU CENTRE.

Le capitaine Amillet, de service, avec 20 sapeurs et 350 travailleurs, commença à la nuit tombante une communication en capitale, pour aller de la parallèle au chemin couvert de Pardaleras : au jour, les travailleurs y étaient à l'abri. En même temps il faisait ouvrir un boyau transversal dans l'intérieur du fort, pour communiquer de la poterne au retranchement de la gorge; mais les difficultés du terrain, et le feu extraordinaire de la place, ne permirent pas qu'on le rendît praticable. Le retranchement de la gorge fut aussi épaissi, pour donner plus de sécurité : en outre, le chef de bataillon Lamore attacha le mineur au saillant du bastion du milieu, pour abattre l'escarpe, y pratiquer une rampe, et former un logement dans le terreplein, afin de s'opposer aux sorties des assiégés.

ATTAQUE DE DROITE.

Le lieutenant Lessard, avec 5 sapeurs et 100 travailleurs d'infanterie, fit réparer toute la ligne de circonvallation, ainsi que les redoutes dégradées par le feu considérable de la place. Cette attaque ne devant pas être poussée plus loin, il n'en sera plus question.

La perte totale des assiégeans, pendant ces vingt-quatre heures, fut d'un homme tué et 4 blessés.

Le 13, le général Maransin commandait la tranchée; il avait pour adjoints le chef de bataillon Lalou et le capitaine Bertin.

Pendant la matinée, le général en chef fit lancer de la batterie des Fusilliers (K), sur la tête de pont et sur le camp ennemi établi près du fort San Cristoval, 17 boulets de 12 et 6 obus de 8 : ces projectiles tombèrent jusqu'au-delà des bivouacs ennemis, et occasionèrent de la confusion : quelques momens après le camp fut éloigné.

Dans l'après-midi, les pontonniers changèrent le passage établi sur la Guadiana, et portèrent le bac un peu en aval.

Quatorzième nuit, du 13 au 14 février.

ATTAQUE DE GAUCHE.

Le capitaine Lefaivre était de service à cette attaque à quatre heures du soir, avec 5 sapeurs et 200 travailleurs; il prolongea le boyau de 248 mètres à droite de la batterie des Fusiliers (K), pour arriver à une position reconnue propre à l'établissement d'une batterie à ricochet contre le bastion 3, dont le feu gênait beaucoup notre établissement dans Pardaleras.

La batterie des Fusiliers (K), fortement dégradée par le feu de

ATTAQUE DU CENTRE.

Le capitaine Martin monta la tranchée à la même heure, à l'attaque du centre, avec 25 sapeurs et 250 travailleurs. Cet officier fit perfectionner le boyau dirigé de la poterne du fort Pardaleras au retranchement de la gorge; mais la nature du sol, qui est de roc dans cette partie, et le feu terrible de la place, empêchèrent encore de finir ce travail. La poterne étant enfilée par le canon du bastion 3, on y fit commencer une traverse en la place, fut réparée par les soins de l'artillerie.

sacs à terre pour la couvrir : ensuite le chef de bataillon Lamare fit sauter le saillant du bastion de Pardaleras, et commença aussitôt une rampe sur les décombres pour monter dans l'intérieur du fort. Il fit aussi entreprendre deux traverses pour fermer les fossés des deux demi-bastions, et se garantir des retours offensifs de l'ennemi.

La perte pendant ces vingt-quatre heures, fut de 5 soldats tués, et 14 blessés; il y eut un cheval d'artillerie tué.

Le 14, à midi, le général Brayer commandait la tranchée; le chef de bataillon Brun et le capitaine Bory Saint-Vincent lui étaient adjoints.

Quinzième nuit, du 14 au 15 février.

ATTAQUE DE GAUCHE.

Le lieutenant Jasinsky fit continuer le boyau dirigé vers l'emplacement de la batterie à ricochet R projetée contre le bastion 3; mais les travaux furent dérangés mal à propos par un officier de l'état-major du général en chef, qui prit des dispositions contraires à celles arrêtées par le général commandant le génie; et la nuit se passa ainsi en pure perte.

ATTAQUE DU CENTRE.

Les capitaines Andouau et Bagnac montèrent la tranchée comme les jours précédens, avec 25 sapeurs et 260 travailleurs d'infanterie; ils avancèrent assez le boyau transversal de l'intérieur de Pardaleras pour que l'on pût y passer pendant le jour avec quelque sûreté; néanmoins on continua d'y travailler pour épaissir le parapet et lui donner toute la perfection nécessaire. Cependant le travail de la traverse, à l'entrée du fort, était si dangereux que l'on fut forcé de le quitter aussitôt que le jour parut : la mitraille, les boulets et les bombes y tombaient abondamment.

La rampe entreprise au saillant du bastion de Pardaleras étant presque achevée, on fit commencer, au pied du glacis, un boyau d'environ 100 mètres, pour lier cette attaque à celle de gauche, et faciliter ainsi les communications. L'artillerie fit de son côté construire la batterie S, destinée à ricocher le bastion 4; et en même temps elle désarma la batterie D, dont les pièces servirent ailleurs.

Elle fit aussi désarmer les batteries F, G; et les mortiers et obusiers qui s'y trouvaient furent placés dans une nouvelle batterie qu'elle établit à la gauche de celle des Voltigeurs (L.)

Le capitaine du génie Bagnac fut blessé légèrement à la tête; un soldat fut tué et dix blessés.

Le 15, le général Philippon monta la tranchée, et avait pour adjoints le chef d'escadron Tholozé, le chef de bataillon Voirol, et le capitaine de Choiseul.

Seizième nuit, du 15 au 16 février.

. ATTAQUE DE GAUCHE.

Le lieutenant Szwaser était de service à la même heure, et avec le même nombre de travailleurs que la veille; il fit pousser le boyau jusqu'à l'emplacement de la batterie R, qui fut commencée aussitôt.

ATTAQUE DU CENTRE.

Le capitaine Amillet, avec 25 sapeurs et 300 travailleurs, monta la tranchée, et fit réparer les ouvrages de l'intérieur de Pardaleras, que le feu des assiégés avait dégradés; il fit aussi continuer le boyau à gauche sur une longueur de 200 mètres, et fit une coupure dans le glacis perpendiculairement à la face du bastion du milieu, pour faciliter les moyens de communiquer de la gauche à Pardaleras.

Nos pertes, pendant ces vingt-quatre heures, furent de 4 soldats blessés; l'artillerie perdit 21 chevaux par suite de fatigues.

Le 16, à midi, le colonel Præfke commandait la tranchée; le chef de bataillon Aspelly, les capitaines Lafitte et Brzozowiski lui étaient adjoints.

Dix-septième nuit, du 16 au 17.

ATTAQUE DE GAUCHE.

Le capitaine Lefaivre monta la tranchée à l'heure accoutumée, avec 205 travailleurs, et ouvrit un boyau pour opérer la jonction de cette attaque avec celle du centre; ensuite il continua la batterie R, et ouvrit un second boyau à gauche de cette batterie, d'environ 400 mètres, dirigé en avant de la tannerie, vers la Guadiana.

ATTAQUE DU CENTRE.

Le capitaine Martin était de tranchée à cette attaque, avec 35 sapeurs et 300 travailleurs d'infanterie; il coopéra avec le capitaine Lefaivre, au projet de jonction des deux attaques, et fit réparer les dégradations faites dans Pardaleras par le feu violent des assiégés.

Pendant la journée le général en chef visita les travaux avec la plus grande attention, et en témoigna sa satisfaction aux officiers du génie.

Notre perte, pendant ces vingt-quatre heures, fut de deux hommes tués et deux blessés; l'artillerie perdit 7 chevaux.

Le 17, le colonel Chasseraux commandait; le colonel Després, le chef d'escadron Saint-Chamans, ét le chef de bataillon Bedos, étaient de service près de lui.

On apprit pendant la journée que l'ennemi avait détruit le pont W de la Gévora.

Dix-huitième nuit, du 17 au 18 février.

ATTAQUE DE GAUCHE.

On acheva de masser la batterie R, qu'on remit ensuite à l'artillerie pour y établir les plate-formes et ouvrir les embrâsures; en même temps d'autres travailleurs étaient employés à perfectionner le boyau poussé en avant de la tannerie et à commencer la batterie T, destinée à agir contre les sorties.

ATTAQUE DU CENTRE.

Le même nombre de travailleurs que la veille fut employé à cette attaque, et l'officier du génie qui en était chargé se borna à réparer les dégradations occasionées par le canon de la place.

Cinq hommes seulement furent blessés dans les vingt-quatre heures, quoique les assiégés ne cessassent de faire le feu le plus vif sur nos attaques.

Le 18, le commandement fut confié au colonel Rignoux, qui avait sous ses ordres le chef de bataillon Brondel; et, comme de coutume, deux bataillons formèrent les gardes de tranchées.

Dix-neuvième nuit, du 18 au 19 février.

ATTAQUE DE GAUCHE.	ATTAQUE DU CENTRE.
5o travailleurs furent employés à continuer la batterie T, ainsi que le boyau qui conduit de la parallèle à cette batterie, et 5o autres le furent à perfectionner le boyau commencé à la gauche de la batterie R : ce nombre de travailleurs était insuffisant pour mener ses travaux avec toute l'activité nécessaire ; mais l'artillerie y suppléa, et fit faire par des canonniers la majeure partie du travail de la batterie T.	L'infanterie étant en mouvement, elle n'avait pu fournir aucun travailleur à cette attaque. On employa 5o sapeurs pendant la nuit à réparer les dégradations continuelles occasionnées par le feu de la place dans Pardaleras. Le 19, vers les huit heures, on reprit les travaux avec une centaine d'hommes, dont une partie fut employée à la batterie S, à laquelle on donna le nom de batterie des Sapeurs.

Le 19, le colonel Lagarde commandait la tranchée, et avait pour adjoint le chef de bataillon Pichard. Une partie de l'armée étant en mouvement ; il n'y avait de disponible dans la tranchée que les gardes et quelques détachemens de sapeurs, qui se multipliaient par leur activité, et dérobaient ainsi leur faible nombre, en se disséminant sur une vaste circonférence qui comprenait trois attaques ; ainsi les journées du 18, 19, et 20 furent à peu près nulles pour les travaux.

BATAILLE DE LA GÉVORA.

Cette journée fut marquée par la bataille mémorable de la Gévora, livrée par l'armée assiégeante sur la rive droite de la Guadiana, dont

5

nous rendons compte, à cause de ses rapports avec les opérations du siége.

L'histoire n'offre guère de faits militaires d'une conception plus hardie et plus conforme aux grands principes de stratégie. Le général en chef, après avoir étudié le fort et le faible de la position de l'ennemi, épiait toutes les occasions de le prendre en défaut ; il ne tarda pas à en trouver une des plus favorables, et il prouva qu'il n'est point d'obstacle qu'un génie supérieur ne puisse vaincre avec des troupes telles que celles qu'il commandait.

Un corps de dix mille hommes d'infanterie espagnole et de douze cents chevaux portugais , avec une artillerie nombreuse, sous le commandement du général Mendizabal, venu de Portugal dans l'intention de faire lever le siége de Badajoz et de s'opposer à la marche des Français vers l'Alentejo, campait paisiblement, depuis la sortie infructueuse du 7 sur les hauteurs de Santa-Engracia, en avant du fort San-Cristoval, la droite appuyée au fort, et la gauche à des retranchemens encore imparfaits : l'accès de cette position présentait de grandes difficultés; elle offrit même au général espagnol une si grande sécurité, qu'il s'y oublia. En effet, comment expliquer l'état d'inaction où il restait? Nous avons déjà fait remarquer qu'il avait opéré sui-

vant un faux système, en attaquant l'armée assiégeante de front dans ses lignes; nous devons
dire encore qu'il mit le sceau à cette grande faute,
en restant douze jours dans une vaine et con-
fiante tranquillité, sans surveiller les mouvemens
des Français [1].

Tandis que l'ennemi, suivant la routine ordinaire, s'amusait à retrancher la position de Santa-
Engracia, le fort Pardaleras lui était enlevé; de
nouvelles batteries s'élevaient contre la place,
les tranchées étaient poussées avec activité sur les
glacis, et des dispositions étaient prises pour l'at-

[1] Lord Wellington avait concerté à Cartaxo avec les généraux
espagnols un plan d'opération, et désigné la position de Santa-
Engracia comme la meilleure à occuper pour entretenir une communication avec Badajoz (*Journaux des sièges entrepris par les
alliés en Espagne, par M. John T. Jones, lieutenant-colonel des
ingénieurs, page 24*). Dans cette hypothèse, Wellington aurait
commis une faute des plus graves. Plein de confiance dans la force
apparente de la position qu'il avait indiquée au général espagnol,
il omit de lui donner pour instruction première d'éviter une action décisive, ce qui eût été facile pour ce général qui avait la
Gévora devant lui, Badajoz à sa droite et la forteresse d'Elvas sur
ses derrières. Cet exemple prouve qu'une première faute de prin-
cipe, faite devant un chef habile qui sait judicieusement en profiter, conduit toujours à une seconde, puis à d'autres encore. Si
Mendizabal s'était retiré au lieu d'accepter la bataille, il n'est
point douteux que le beau mouvement du duc de Dalmatie eût
été en pure perte puisqu'il n'aurait rien décidé si son adversaire
n'eût point été atteint, et il restait au général espagnol les moyens
de renouveler de fréquentes attaques pour harceler nos flancs et
couper notre ligne d'occupation avec l'Andalousie.

5.

taque; mais il fallut attendre que les eaux de la Guadiana, qui s'étaient répandues dans les terres par les débordemens, fussent écoulées et nos moyens de passage assurés. Les ouvriers de la marine, les pontonniers et les sapeurs, sous les ordres des capitaines Royou, Gillet, Andouaud, et Martin, travaillèrent avec une telle activité au passage du fleuve, que, le 18 au soir, on put commencer à porter de l'artillerie et de l'infanterie sur l'autre rive par la tête de pont (cotée P). Le duc de Trévise, qui dirigeait les mouvemens, fit passer successivement toutes les troupes; et la cavalerie de réserve, qui était cantonnée à Montijo, reçut l'ordre de venir se mettre en ligne. Cette partie de l'armée assiégeante fut ainsi toute la nuit sur pied; et ce ne fut pas sans de grandes difficultés qu'elle parvint à effectuer le passage, n'ayant que de petits canots et deux faibles bacs pour faire le service [1].

[1] Dès les premiers jours de l'établissement du camp de Santa-Engracia, le général en chef avait résolu d'attaquer cette position; mais le mauvais temps s'y opposait, et les pluies continuelles avaient tellement élevé les eaux de la Guadiana et de la Gévora, qu'il fut contraint d'attendre une occasion plus favorable. Dans cet état de choses, il s'occupa des moyens d'assurer le succès de son projet : l'idée en était grande, et l'exécution difficile. Le passage d'un fleuve et d'une rivière en hiver était sujet à mille obstacles imprévus; mais le maréchal, exercé à des conceptions vastes et rapides, assura cette opération par des mesures si bien concertées, où le hasard avait si peu de part, qu'elles seront toujours

Le 19, à la pointe du jour, l'infanterie et la cavalerie se formèrent en colonne en *a, b* (Pl. 2), et s'avancèrent avec l'artillerie vers la Gevora. La cavalerie occupait la droite, et s'étendait dans la campagne: toutes les troupes observaient l'ordre des distances avec autant de précision que si elles eussent manœuvré à la parade. Durant la marche, le général en chef parcourait les rangs des différentes armes, rappelait aux officiers et aux soldats leur ancienne valeur et les succès qui les avaient conduits jusqu'aux extrémités de la Péninsule, les vastes et beaux pays qu'ils avaient traversés, le nombre de villes et de provinces qu'ils avaient laissées derrière eux, après les avoir soumises à leur puissance; il ajouta qu'une nouvelle victoire allait leur assurer la conquête du principal boulevard de l'Estramadure, et que le moindre revers les obligerait à repasser la Sierra-Morena et à retourner en Andalousie.

un sujet d'admiration. L'aile droite du camp avait été placée si près de San-Cristoval que les glacis étaient couverts de ses tentes : dans le dessein d'éloigner l'ennemi et de lui ôter l'appui de ce fort, le général en chef donna l'ordre à l'artillerie de faire lancer, de la batterie (K), quelques boulets et obus à toute volée, qui arrivèrent jusque dans les bivouacs. Cette démonstration eut tout le succès qu'on en attendait ; le général espagnol éloigna assez son camp du fort San-Cristoval pour lui faire perdre toute la protection qu'il devait en recevoir en cas d'attaque, et cette nouvelle faute fut regardée par le général en chef comme un présage de la victoire.

Cependant la cavalerie de réserve avait passé la
Gévora à un gué qu'elle avait reconnu antérieu-
rement, et elle se portait sur la route de Badajoz
à Campo-Mayor, débordant ainsi l'aile gauche
de l'ennemi. Le 2.me de hussards, commandé par
le colonel Vinot, qui éclairait la marche, tomba
inopinément sur les bivouacs, les dispersa, et ramena des prisonniers; tandis que les tirailleurs
d'infanterie repoussaient les postes avancés près
du pont W, qui avait été détruit; alors le trouble
et l'effroi s'emparèrent des Espagnols, qui, se
voyant surpris par un ennemi qu'ils croyaient
assez occupé du siége de la place, coururent aux
armes, jetant des cris qui retentissaient au loin
et arrivaient jusqu'à nous. Le jour avait paru;
mais la plaine était couverte d'un brouillard épais
qui empêchait l'ennemi de distinguer nos mouvemens : tout semblait se réunir pour nous assurer
un succès complet. Le duc de Trévise profita de
cette circonstance favorable; il franchit la rivière,
avec l'infanterie et l'artillerie, à deux autres gués
à droite et à gauche du pont malgré la rapidité
du courant et la hauteur des eaux, qui s'élevaient
jusqu'à la ceinture des hommes. A huit heures,
après une marche rapide et les mouvemens les
mieux dissimulés, toutes nos troupes étaient en
bataille en d, e, f, g, sur la rive droite de la Gévora. Le brouillard s'étant dissipé, les deux ar-

mées se trouvèrent en présence, et commencèrent une canonnade des plus vives ; mais, pour
ne pas donner le temps à l'ennemi d'appuyer la
droite aux fortifications, le maréchal duc de Trévise ordonna au général Girard de se porter, avec
trois bataillons du 100.me, sur la hauteur h entre
le camp et San-Cristoval, et de profiter de tous
les couverts du terrain pour se dérober aux feux
de ce fort. Arrivé au point culminant sans essuyer de perte sensible, le général fait exécuter
un changement de direction à droite, déploie la
colonne, et charge le flanc de l'ennemi perpendiculairement à sa ligne de bataille ; tandis que le
maréchal faisant battre la charge s'avance lui-
même de front en i avec la brigade du général
Philippon, composée de six bataillons des 34.me et
88.me, et d'une batterie d'artillerie légère, et que
le général Latour-Maubourg, avec douze escadrons, manœuvre en k, l, sur le flanc gauche de
l'ennemi, dont il tourne la position : ces mouvemens d'audace et d'habileté s'exécutent avec une
rapidité et une précision que l'on ne peut jamais
attendre que des troupes les mieux aguerries. Les
Espagnols, se voyant enveloppés et pressés de
toutes parts, étonnés de nos manœuvres, se
hâtent, avec la confusion d'une armée mal exer-
cée, de former deux grands carrés en $m, m,$
croisent la baïonnette, et soutiennent le choc en

se défendant vaillamment. Alors, sans hésiter, nos troupes les abordent corps à corps : la supériorité numérique de l'ennemi balance un moment le succès; mais la valeur des Français supplée au nombre. Le combat le plus terrible s'engage, et une nuée épaisse de fumée couvre les deux armées. La cavalerie, qui n'avait point encore pris part à l'action, arrive au galop, fond à son tour avec impétuosité sur les carrés, les renverse l'un sur l'autre, taille en pièces tout ce qui résiste, et, après avoir fait un horrible carnage, décide la victoire la plus complète. Enfin à dix heures du matin, ce corps qui, douze jours auparavant, était arrivé de Portugal avec l'intention de délivrer Badajoz, n'existait plus, et la garnison de cette place était réduite au même état qu'au commencement du siége, et ne recueillait conséquemment aucun fruit de cette entreprise : 8 à 900 hommes étaient restés sur le champ de bataille; et 8,000 prisonniers, 6 drapeaux, 17 pièces de canon, 30 caissons, plusieurs bateaux et aquets, demeuraient au pouvoir de l'armée assiégeante. Les Espagnols furent tellement maltraités, et la confusion fut si grande, que leurs généraux firent de vains efforts pour rallier les débris de l'armée; ce qui parvint à s'échapper se jeta en désordre dans Badajoz et dans Elvas : 350 officiers, au nombre desquels se trouvaient le gé-

néral Viruez, 4 brigadiers, 15 colonels ou lieutenans-colonels, furent faits prisonniers. Les généraux Mendizabal, Lacarrera et Don Carlos de
Espana, abandonnés du petit nombre de soldats
qui leur restait, se virent obligés de les suivre
pour éviter d'être pris. La cavalerie portugaise,
commandée par un général anglais, et parmi laquelle il y avait plusieurs officiers de cette na-
tion, fut également frappée de terreur; elle abandonna l'infanterie, et se sauva bride abattue jusque
dans la place d'Elvas pour y chercher un refuge.
On ne put parvenir à joindre qu'un petit nombre
de ces fuyards, qui furent sabrés par notre cavalerie, qui aurait pu, sans s'exposer au danger
d'être ramenée, les pousser jusqu'aux portes de
cette forteresse. On trouva au nombre des morts
le brigadier du génie Don Gabriel, et plusieurs
autres officiers de marque.

Notre perte fut d'environ 500 hommes tués et
blessés : elle eût été plus considérable, si les
troupes avaient hésité; mais leur ardeur était si
grande, et le feu qu'elles faisaient si meurtrier,
que l'ennemi ne tira presque aucun avantage de
sa supériorité ni de sa position. Les généraux
qui dirigeaient les colonnes profitèrent adroite-
ment des dispositions du terrain, pour se soustraire à l'effet des premiers coups de l'ennemi.

C'est ainsi que, par l'habileté et la célérité des

manœuvres, et par l'application des grands principes de guerre, le général en chef, secondé
par le duc de Trévise, sut gagner une bataille
dont les résultats lui promettaient incessamment
d'autres avantages, et qui mettait déjà Mendizabal
dans l'impossibilité absolue de recommencer
aucune opération offensive contre l'armée assiégeante.

L'investissement de Badajoz sur cette rive fut
aussitôt rétabli; la redoute U, commencée par
les Espagnols, fut continuée par la 1.re compagnie du 2.me bataillon de sapeurs. Trois bataillons
du 88.me, 4 pièces de canon et la cavalerie de réserve, s'établirent sur la position qui venait d'être
enlevée; les pontonniers et les ouvriers de la marine restèrent sur la Gévora pour y rétablir le
pont.

Après quelques heures de repos, le général en
chef, le duc de Trévise, l'état-major, la brigade
Philippon et le reste de l'artillerie, se mirent en
mouvement pour repasser la Gévora et la Guadiana, et rentrer dans les lignes devant la place.

Un ordre du jour fit connaître à l'armée du
midi la conduite brillante des troupes qui s'é-
taient trouvées à cette bataille, et donna des éloges
aux généraux de division Latour-Maubourg et
Girard pour les belles dispositions qu'ils avaient
prises. Les généraux Philippon, Bouvier-des-Eclats

et Briche, furent également cités, ainsi que les colonels prince d'Aremberg, Gourré, Lapointe , Bachelet, Avy, Hulot, Després, Raimond, Veiland, Quiot, Chamorin et Vinot; le major Foirest; le chef de bataillon Hudry; les chefs d'escadron Hardy, Desmarets, Muller, Brun, Saint-Chamans, Datas, et Tholosé (ce dernier avait enlevé un drapeau); les capitaines Lassale, Landrieu, Durivau, Choisy, Baumetz, Ricard, Petiet (blessé), Bory Saint-Vincent, de Choiseul, Lafitte, Madaillac, Lacolombière, Andouaud, Royou, Gillet, Martin; les lieutenans Tévenin, Brozowski, Duhamel, Demeuves, Hubwiski et Michel. Le lieutenant Lanchon, du 34.me, environné de quelques braves, s'était distingué en plantant le drapeau de son régiment au milieu des colonnes ennemies pendant l'action.

Le corps qui se trouvait à cette bataille était composé des troupes suivantes :

Infanterie.

3 Bataillons du 34.me régiment de ligne.
3 *idem* du 88.me *idem.*
3 *idem* du 100.me *idem.*

Cavalerie.

2 Escadrons du 21.me de chasseurs à cheval.
2 *idem* du 4.me *idem* espagnol.
2 *idem* du 2.me de hussards.
2 *idem* du 10.me *idem.*

2   *idem*   du 14.^(me) de dragons.

2   *idem*   du 26.^(me) *idem.* ,

1   *idem*   des chasseurs d'élite d'Aremberg (27.^(me))

Total : 9 bataillons d'infanterie, 13 escadrons de cavalerie, 1 compagnie d'artillerie légère, 1 détachement d'artillerie à pied, 12 bouches à feu, 1 compagnie de pontonniers, 1 compagnie d'ouvriers de la marine et 1 compagnie de sapeurs.

Reprenons maintenant le cours du journal de siége.

Le 20, le général Maransin commandait la tranchée, il avait près de lui le chef de bataillon Camus et le capitaine Destaberalh; les gardes sur la rive gauche étaient comme de coutume de deux bataillons.

Vingt - unième nuit, du 20 au 21 février.

ATTAQUE DE GAUCHE.	ATTAQUE DU CENTRE.	POSITION DE SANTA-ENGRACIA.
Le capitaine Amillet avec 5 sapeurs et 150 travailleurs reprit les travaux de cette attaque, à quatre heures après midi; les ouvrages ayant été très-dégradés par le feu de la place, il dut se borner à les faire réparer jusqu'à leur jonction avec l'attaque du centre.	Le capitaine Bagnac reprit également les travaux de cette attaque à la même heure, avec 50 sapeurs et 123 travailleurs d'infanterie; cet officier se borna à réparer la parallèle jusqu'à la rencontre de l'attaque de gauche, ensuite il consolida avec des fascines bien serrées et des gabions farcis le parapet du retranchement de la gorge de Pardaleras, ainsi que la traverse faite	Le capitaine Andouaud, qui avait été chargé de suivre le mouvement sur la rive droite pour diriger les opérations du siége sur ce point, fit continuer la redoute U, commencée par les Espagnols, pour servir d'appui aux troupes destinées à garder la position de Santa - Engracia; la compagnie de sapeurs et 55 travailleurs du 88e furent employés à cette re-

ATTAQUE DU CENTRE.	POSITION DE SANTA-ENGRACIA.
en sacs à terre, devant la poterne que les assiégés ne cessaient de battre avec plusieurs pièces de 24.	doute, qui avait 80 mètres de développement. Le capitaine Royau, avec 60 ouvriers de la marine, établit un pont provisoire V sur chevalets, et fit préparer . des bois pour rétablir l'arche du pont W; ce dernier travail présenta beaucoup de difficultés.

Le 21 à midi le général Brayer monta de nouveau la tranchée, et avait sous ses ordres le chef de bataillon Gand, le capitaine d'Andelau et deux bataillons de garde.

Nos troupes ne furent nullement inquiétées sur la rive droite. La victoire éclatante du 19 contraignit l'armée de secours d'abandonner Badajoz; ses pertes furent si considérables, que Mendizabal, qui avait perdu l'espoir de délivrer la place, prit la résolution de se retirer en Portugal.

Vingt-deuxième nuit, du 21 au 22 février.

ATTAQUE DE GAUCHE.	ATTAQUE DU CENTRE.	POSITION DE SANTA-ENGRACIA.
D'après les instructions du général Léry, le chef de bataillon, Lamare, traça	Le capitaine Gillet, avec 5 sapeurs et 150 travailleurs seulement, entreprit pen-	Le capitaine Martin, avec sa compagnie et 50 travail-

une tête de pont sur la rive droite de la Guadiana en X, cet ouvrage fut ensuite dirigé par le capitaine Lefaivre, et commencé avec 100 travailleurs d'infanterie. On pratiqua en même temps un passage sur le fleuve, au moyen d'une grande barque qui avait été prise le 19.

dant la nuit un boyau à la sape-volante à la droite de Pardaleras, de la longueur d'environ 300 mètres; au jour on y était à couvert. L'artillerie commença la batterie Y pour ricocher le bastion n° 4.

leurs du 88e, fit continuer la redoute U, et épaissir les parapets des deux faces qui étaient les plus exposées au feu de San-Cristoval; les deux autres restèrent imparfaites; il reçut l'ordre ensuite de commencer une traverse au milieu de cette redoute, pour garantir les troupes de la grande quantité de projectiles que les assiégés y jetaient. L'artillerie fit travailler aux plates-formes d'une batterie.

Le capitaine Royau continua les travaux du pont W, 12 voitures de bois de construction arrivèrent au chantier; une pile sur laquelle devait poser la charpente se trouvant trop élevée, 12 mineurs furent employés à la baisser au moyen de quelques pétards.

Le 22 ce fut le général Philippon qui prit le commandement de la tranchée; le chef de bataillon Bonnot, et les capitaines Bory Saint-Vincent et Mahon étaient sous ses ordres.

Vingt-troisième nuit, du 22 au 23 février.

ATTAQUE DE GAUCHE.	ATTAQUE DU CENTRE.	POSITION DE SANTA-ENGRACIA.
Le capitaine Lefaivre fit continuer par 5 sapeurs et 90 travailleurs le boyau de communication de la batterie R, à la parallèle, ainsi que les travaux de la batterie X, où 100 autres travailleurs furent également employés.	Cette attaque fut continuée par le capitaine Amillet avec 25 sapeurs et 240 travailleurs; cet officier fit ensuite achever le boyau entrepris à la droite de Pardaleras, et réparer la traverse qui couvrait l'entrée de ce fort, avec des fascines et des sacs à terre. L'artillerie continua le travail de la batterie Y.	Les travaux de la redoute U furent continués ainsi que ceux du pont W, par les mêmes officiers et par le même nombre de travailleurs que les jours précédens. Le général en chef, en examinant le travail, en témoigna sa satisfaction au capitaine Royan. L'artillerie continua aussi de fournir les moyens de transport pour amener de la forêt les bois nécessaires aux constructions du génie.

Nos pertes pendant les journées du 20, 21 et 22, furent de six hommes blessés, pertes légères quand on considère la grande quantité de projectiles de toute espèce lancés par les assiégés. L'artillerie perdit 14 chevaux par l'effet des fatigues et des maladies.

Le 23, le colonel Prœfke était de service à la tranchée avec le chef de bataillon Dedonal et les capitaines de Choiseul et Bertin, les gardes étaient comme de coutume de deux bataillons.

Vingt-quatrième nuit, du 23 au 24 février.

ATTAQUE DE GAUCHE.	ATTAQUE DU CENTRE.	POSITION DE SANTA-ENGRACIA.
Le lieutenant Muller prit le service des travaux de la tête du pont X, à l'heure ordinaire, avec le même nombre de travailleurs que pendant la journée du 22. Quelques hommes furent employés à la parallèle pour y réparer les dégradations occasionnées par le feu de la place. La batterie R fut nommée batterie des Hussards.	Le lieutenant Fortin fit rétablir le boyau ouvert à droite de Pardaleras, et l'artillerie continua la batterie Y, qui fut nommée batterie des canonniers ; elle entreprit ensuite la batterie Z de six pièces, pour battre de plein fouet le bastion n° 4. L'effet en fut toujours faible et très-éventuel.	Les travaux de la rive droite de la Guadiana, sous la surveillance des mêmes oficiers, se continuèrent avec beaucoup d'activité, toutefois le capitaine Royau fut un peu retardé par le manque de bois de construction.

Le 24, le colonel Quiot commandait la tranchée, le chef de bataillon Dubarry, les capitaines Ricard et Kierskowki lui étaient adjoints. Les gardes étaient formées du même nombre de troupes que les jours précédens.

Vingt-cinquième nuit, du 24 au 25 février.

ATTAQUE DE GAUCHE.	ATTAQUE DU CENTRE.	POSITION DE SANTA-ENGRACIA.
Le capitaine Lefaivre était de service à cette attaque à l'heure ordinaire, avec 100 travailleurs et 5 sapeurs : il fit d'abord réparer la parallèle à gauche de la batterie R, puis après il	Depuis la prise de Pardaleras les assiégés tiraient, sans discontinuer, sur ce fort qui ne présentait plus qu'un amas de ruines. On continua néanmoins à entretenir le retranchement de la	La redoute U offrait beaucoup de difficultés, les fossés étaient pleins de gros blocs de pierre qu'on ne put extraire sans le secours des mineurs, qui y prati-

ATTAQUE DE GAUCHE.	ATTAQUE DU CENTRE.	POSITION DE SANTA-ENGRACIA.
commença une petite lunette en avant de la tête de pont X.	gorge, ainsi que sa communication. L'artillerie, dirigée par le capitaine Châteaubrun, continua la batterie Z, à laquelle on donna le nom de batterie des mineurs.	quèrent plusieurs pétards. Le pont sur la Gevora fut terminé avant la nuit; ce travail fit beaucoup d'honneur au capitaine Royou.

Nos pertes depuis le 23, furent de deux hommes tués et un blessé; l'artillerie perdit encore 12 chevaux par l'effet des maladies.

Le 25, le colonel Veiland monta la tranchée, et avait sous son commandement le chef de bataillon Lapierre et le sous-lieutenant Brozowski; les gardes de tranchées étaient comme de coutume de deux bataillons.

Vingt-sixième nuit, du 25 au 26 février.

ATTAQUE DE GAUCHE.	ATTAQUE DU CENTRE.	POSITION DE SANTA-ENGRACIA.
Le capitaine Baghac dirigea les travaux avec le même nombre de travailleurs que la veille: il se borna à réparer les parties dégradées par le feu des assiégés. Le lieutenant Sywaser, avec 5 sapeurs et 100 travailleurs, termina les travaux de la tête de pont X.	Le capitaine Gillet continua les travaux de cette attaque, avec les mêmes moyens et la même activité que les jours précédens. L'artillerie continua aussi le perfectionnement des batteries.	Les travaux de la redoute U furent terminés. Le général Léry donna l'ordre de faire rentrer le capitaine Martin avec la majeure partie de sa compagnie. Le lieutenant Lessard y fut laissé avec 20 sapeurs pour les travaux d'entretien et de réparations.

6

Le feu de nos batteries fut très-vif pendant cette journée, et parut faire beaucoup de mal aux assiégés : trois explosions eurent lieu sur les remparts ; plusieurs pièces du bastion 3 furent réduites au silence. Le commandant de la tranchée fit un éloge particulier du zèle des officiers d'artillerie.

Le 26, le colonel Remond commandait la tranchée ; le chef de bataillon Bigot, le capitaine Lafitte et le lieutenant Fabreguettes étaient sous ses ordres. Les gardes étaient fournies comme les jours précédens.

Vingt-septième nuit, du 26 au 27 février.

ATTAQUE DE GAUCHE.	ATTAQUE DU CENTRE.	POSITION DE SANTA-ENGRACIA.
Le lieutenant Muller dirigea les travaux avec 50 sapeurs et 100 travailleurs qui furent employés à réparer les dégradations survenues dans la parallèle par le feu des assiégés.	Le capitaine Lefaivre, avec 40 sapeurs et 200 travailleurs, monta la tranchée à cette attaque. 80 hommes furent employés à entretenir les communications avec Pardaleras, battu sans interruption par le feu de la place. 120 travailleurs furent employés par l'artillerie à la batterie (cotée g.) dite des chasseurs. Cette batterie fut, comme la batterie Z, d'un effet très-éventuel.	Les travaux de la redoute U furent terminés dans la matinée du 27 ; en conséquence le chef de bataillon Lamare donna l'ordre au détachement de sapeurs qui devenait disponible, de retourner au camp sur la rive gauche du fleuve. Cet officier eut son cheval blessé dans la redoute par un éclat de bombe.

Nos pertes, pendant les journées des 25 et 26, furent de 7 hommes tués, un officier et 23 soldats blessés; l'artillerie perdit encore 21 chevaux par l'effet des fatigues et des maladies.

Le 27, le colonel Rignoux prit le commandement de la tranchée : le colonel Desprès, le chef de bataillon Amanen, le chef d'escadron Aguado et le lieutenant Bocchini étaient sous ses ordres; les gardes étaient comme à l'ordinaire de deux bataillons.

Vingt-huitième nuit, du 27 au 28.

ATTAQUE DE GAUCHE.

Le lieutenant Fortin avec 5 sapeurs et 200 travailleurs fit continuer sans interruption les travaux de la tête du pont X, l'artillerie y mit en même temps trois pièces en batterie.

ATTAQUE DU CENTRE.

A 4 heures du soir, le capitaine Andouaud prit le service de cette attaque avec 40 sapeurs et 300 travailleurs, il les employa d'abord à rétablir les dégradations occasionnées par le feu, qui augmentait à mesure que nous avancions. A 9 heures, le chef de bataillon Lamare traça avec des fascines un boyau de cheminement de 280 mètres de longueur sur la capitale du bastion 3; il y employa 200 travailleurs : chaque homme avant d'être relevé était tenu de mettre de la terre sur l'étendue d'une fascine et de creuser devant lui à un mètre de profondeur sur un de largeur; au jour on était à couvert dans le boyau; un épais brouillard favorisa le travail, et on le continua jusqu'à midi.

6.

Pendant ces 24 heures, 3 hommes furent tués et 4 blessés : au nombre des derniers était le lieutenant Bocchini; l'artillerie perdit 9 chevaux.

Le 28, le colonel Lagarde monta la tranchée, l'adjudant-commandant Moquerie et le chef de bataillon Becker étaient de service avec lui.

Vingt-neuvième nuit, du 28 février au 1er mars.

ATTAQUE DE GAUCHE.

100 travailleurs sous les ordres du capitaine Lamorlette, continuèrent les travaux de perfectionnement de la tête du pont X, qui était à la veille d'être achevé.

ATTAQUE DU CENTRE.

Le capitaine Bagnac employa à cette attaque 40 sapeurs et 400 travailleurs; il fit d'abord perfectionner par 300 hommes le boyau commencé la nuit précédente; ensuite il poussa avec le restant des travailleurs un nouveau boyau en capitale, jusqu'au pied du glacis; les sapeurs qui conduisaient la tête de la sape roulaient devant eux de gros gabions farcis; cette précaution, qui fut continuée pendant le dernier temps du siége, épargna bien des hommes.

Le capitaine Bagnac, le capitaine St.-Denis aide-de-camp et le sergent-major Périmoni de la 2e compagnie de mineurs reconnurent le chemin couvert, et s'assurèrent qu'il n'était plus occupé par l'ennemi, ce qui tranquillisa les travailleurs et contribua à accélérer l'ouvrage.

D'après les ordres du duc de Trévise, un détachement de voltigeurs du 100e régiment, et quelques sapeurs, commandés par le lieutenant

Ribes, attaquèrent à une heure après minuit un poste espagnol qui était logé dans le moulin à eau B, situé sur les bords de la Guadiana; après une fusillade qui dura peu d'instans, le poste fut enlevé de vive force; les hommes qui le gardaient furent tués à l'exception de 6, dont 5 furent amenés prisonniers. Quelques minutes après la place fit sur ce moulin un feu très-vif d'artillerie et de mousqueterie; alors le détachement rentra dans la parallèle, sans avoir éprouvé la moindre perte. Cette opération fit honneur au lieutenant Ribes et lui mérita des éloges de la part du Maréchal; cependant il ne put exécuter tout ce qui avait été prescrit pour la destruction de ce poste, mais les assiégés en épargnèrent le soin : le feu de leurs batteries le mit bientôt en ruine.

Nos pertes à la tranchée, dans ces 24 heures, furent d'un officier tué, un blessé, quatre soldats tués et seize blessés. L'artillerie perdit encore seize chevaux.

Le 1ᵉʳ mars, à midi, le général Maransin avait le commandement de la tranchée; le chef de bataillon Lalou, les capitaines Bory St.-Vincent, de Choiseul et Lamotte étaient sous ses ordres; les gardes étaient fournies comme de coutume.

A une heure, le général en chef vint à la tranchée et visita les travaux.

Trentième nuit du 1ᵉʳ au 2 mars.

ATTAQUE DE GAUCHE.	ATTAQUE DU CENTRE.

5 sapeurs et 100 travailleurs de la ligne achevèrent la parallèle à gauche de la batterie des hussards R, et réunirent cette attaque à celle du centre. 100 autres travailleurs furent employés à la tête du pont X qui fut entièrement terminée.

A 6 heures du soir, on continua les travaux de perfectionnement du boyau entrepris la veille. Vers minuit, les capitaines Gillet et Amillet débouchèrent à la sape double du dernier zigzag avec 40 sapeurs et 100 travailleurs d'infanterie, et se dirigèrent à droite et à gauche du saillant du glacis de la demi-lune des bastions 3, 4, pour commencer le couronnement du chemin couvert; une traverse en gabions fut exécutée à droite et deux autres à gauche : les gabions étaient remplis par les sapeurs à mesure qu'on les plaçait; après que la seconde traverse fut massée, le chef de bataillon Lamare établit le mineur et fit commencer un puits de mine; ensuite il prit des dispositions pour faire exécuter ultérieurement une demi-galerie, afin de cheminer vers la contrescarpe et la renverser avec des fougasses.

Les assiégés ayant abandonné le chemin couvert, le capitaine Gillet profita d'un moment favorable pour faire la reconnaissance des fortifications; il acquit la certitude que l'escarpe de la demi-lune n'était point revêtue, que la contrescarpe était en bonne maçonnerie de 6 à 7 pieds de hauteur, et que les palissades étaient partout en assez bon état; pour la seconde fois depuis le commencement du siége cet officier eut son chapeau percé d'une balle.

Le matin, l'ennemi fit une nouvelle sortie : il 7es déboucha par le chemin couvert du bastion 2, et parvint jusques dans nos ouvrages où il enleva quelques outils; repoussé aussitôt par les gardes de tranchées et les travailleurs, commandés par le général Maransin, il n'eut pas le temps de faire beaucoup de mal. Le capitaine Léry, aide de camp, contribua par sa fermeté à arrêter ses premiers efforts; l'ennemi, en se retirant, laissa plusieurs hommes tués et blessés sur les glacis et dans la tranchée. La place faisait un feu toujours extraordinaire de ses batteries de canon; surtout de mortiers et de pierriers; notre artillerie, quoique forcée de ménager ses munitions, ripostait par un feu assez vif; nos pertes augmentaient à mesure que nous approchions du corps de place. Le capitaine d'artillerie Meunier fut blessé, quatre soldats furent tués et quatorze blessés.

Le 2, le général Brayer, le colonel Hulot, le chef d'escadron Tholosé, le chef de bataillon Lefaivre et le capitaine Latterie, étaient de tranchée avec deux bataillons de la ligne.

Trente-unième nuit du 2 au 3.

ATTAQUE DU CENTRE.

Le capitaine Lefaivre monta la tranchée à 4 heures, avec 40 sapeurs et 400 travailleurs

d'infanterie; il continua à faire réparer les dégradations faites à la parallèle et aux zigzags
par le feu de la place. Il ouvrit ensuite un nouveau boyau en arrière du couronnement du
chemin couvert pour communiquer plus aisé-
ment de ce point à Pardaleras; mais au jour, il
s'aperçut que ce boyau était enfilé par le bastion 2 : il remédia alors à cet inconvénient en
corrigeant le tracé qui fut refait en forme de
cremaillère. Pendant la nuit, cet officier employa les sapeurs et une partie des travailleurs
au couronnement, et ce fut avec une peine
extrême qu'il put les y maintenir; à chaque mi-
nute, des bombes de 14 pouces étaient lancées
dans les crochets et sur les traverses, et leurs
explosions les renversaient entièrement. Dans ce
moment difficile, le capitaine Lefaivre montra
beaucoup de fermeté et de persévérance; il s'agissait de l'une des opérations les plus importantes
du siége : jusqu'au travail de couronnement nous
n'avions pas mis le pied sur le domaine propre-
ment dit de la fortification, et l'instant de déve-
lopper toutes les ressources de l'art des siéges
était arrivé.

Le puits de mine entrepris la veille fut
achevé, et l'on commença une demi-galerie dirigée perpendiculairement à la contrescarpe;
mais les mineurs rencontrèrent dans le massif

du glacis un vieux mur qu'il fallut percer. Cet obstacle et une bombe lancée dans le puits, qui le détruisit de fond en comble et qui tua un sergent de mineurs nommé Valory, causa quelque retard : toutefois des ordres furent donnés pour reprendre ce travail et le continuer sans interruption. Notre perte fut en outre de 5 hommes tués et 19 blessés.

Le 3 à midi, le général Philippon reprit le commandement ; le chef d'escadron Saint-Chamans, le chef de bataillon Voirol et le capitaine Destabenrath étaient de service sous ses ordres ; les gardes de tranchées étaient établies comme de coutume.

L'assiégé avait acquis chaque jour la certitude que ce ne serait pas seulement à force de projectiles, lancés de ses batteries dans nos sapes, qu'il retarderait beaucoup nos progrès, aussi avait-il fait plusieurs sorties ; mais, faiblement soutenues ou hasardées de trop loin, elles ne lui avaient produit que très-peu d'avantage : il en essaya une nouvelle qui lui réussit assez pour l'encourager à continuer cet excellent moyen de chicane ; mais il oublia plus tard que contre des attaques faites pied à pied, il faut pour prolonger la défense employer souvent les retours offensifs de vive force, tomber sur les têtes de sapes et les culbuter. Cependant il fit un dernier effort et ne négligea rien pour obtenir un bon résultat. Vers les 4 heures du soir, environ 200 hommes débouchèrent du chemin couvert du front 2, 3, et se jetèrent avec une extrême vivacité sur les premiers zigzags et sur les batteries des sapeurs et de Grandjean (S. Z) : après en avoir chassé les travailleurs et les gardes de tranchées, ils enclouèrent 12 ou 13 bouches à feu et transportèrent à quelques pas des batteries un petit mortier, puis commencèrent à démolir nos ouvrages; ce succès fut rapide et court : le colonel Quiot accourut pour l'arrêter avec deux compagnies du 64ᵉ, il rallia ensuite les gardes de tranchées et les travailleurs armés, et repoussa l'ennemi, l'épée aux reins, jusque dans le chemin couvert qu'il lui fit franchir en sautant par dessus les palissades, avec une perte de dix hommes, abandonnant en outre sur les glacis les outils qu'il avait enlevés. Les sapeurs et mineurs qui se trouvaient dans le couronnement du chemin couvert tinrent ferme, et leur bonne contenance empêcha l'ennemi d'y pénétrer et d'y faire aucun mal; le sergent-major Vallon se distingua particulièrement. Notre perte, pendant cette sortie, fut de 4 hommes tués, 16 blessés, et deux sapeurs faits prisonniers. Le capitaine Fruneau, qui se fit remarquer par sa bravoure, fut du nombre des blessés. L'artillerie désencloua promptement les pièces et recommença le feu.

Le général espagnol Menacho, qui depuis le commencement du siége se montrait digne, par une activité et une opiniâtreté héroïques, de marcher sur les traces des plus célèbres gouverneurs que nous rappelle l'histoire, fut tué par un coup de boulet au moment où il se portait sur les remparts pour juger de l'effet de la sortie. Sa mort fut bientôt connue : elle plongea la garnison et les habitans dans la douleur et l'effroi, et elle fut regardée par les alliés comme la cause principale qui accéléra la reddition de la place de Badajoz.

Trente-deuxième nuit, du 3 au 4 mars.

A cinq heures, le capitaine Andouaud reprit le travail de la tranchée avec le même nombre d'ouvriers que la veille; il les employa d'abord à réparer les dégradations survenues aux ouvrages par l'effet de la sortie et par le canon de la place: à huit heures, il fit travailler au couronnement du chemin couvert, et tracer en gabions la batterie de brèche contre le bastion 3 ; mais un incident changea tout-à-coup les dispositions arrêtées pour cette batterie. Le général en chef venait d'être informé, par divers rapports, que les assiégés formaient des retranchements dans les bastions 3, 4 ; ainsi, pour rendre ces nouveaux préparatifs de défense inutiles, Son Excellence avait décidé, sur la proposition du général du génie, que la batterie de brèche serait élevée à la gauche du couronnement pour battre la courtine et l'angle d'épaule du bastion. En conséquence, on commença à minuit à masser le parapet de cette batterie en b, dite de Napoléon, pour 6 pièces de 24; des gabions furent placés à six ou sept mètres de la crête du glacis de la place d'armes rentrante, parallèlement à la courtine, de manière à diriger le feu contre le revêtement par l'intervalle du bastion et de la demi-lune; les troupes du génie, aidées par des détachemens d'infanterie, mirent une telle activité à ce travail, qu'au jour la batterie se trouva très-avancée, quoique les travailleurs eussent été inquiétés toute la nuit par le feu le plus terrible de mousqueterie et de projectiles de toute espèce : 3 sapeurs furent tués et 12 blessés : l'infanterie eut 4 soldats tués et 21 blessés, dont un officier du 34e.

Le 4 à midi, le colonel Quiot était de tranchée; il avait sous ses ordres les chefs de bataillon Brun, Pichard et Aspelly; deux bataillons formaient les gardes.

Trente-troisième nuit, du 4 au 5 mars.

A quatre heures, le capitaine Bagnac monta la tranchée avec 100 hommes des troupes du génie et 400 travailleurs d'infanterie, dirigés par les capitaines Coste et Lamorlette; on commença d'abord par rétablir les boyaux de communication, ainsi que le couronnement, dégradé par la grande quantité de bombes qui y avaient été jetées. A sept heures, on reprit les travaux de la batterie de brèche ; quoique le clair de lune et le feu des remparts gênassent extrêmement les travailleurs, ils n'en continuèrent pas moins leur ouvrage pendant toute la nuit, et la batterie fut entièrement massée avant le jour ; le capitaine Bagnac montra un sang froid, une activité et une persévérance dignes d'éloges ; il fut parfaitement secondé par les officiers de troupes qui étaient de tranchée sous ses ordres ; le sergent-major Briault, le caporal Brunot et le sapeur Jauré se firent remarquer par leur zèle et leur courage. Les mineurs furent singulièrement retardés par les bombes qui obstruèrent plusieurs fois leur travail, 3 hommes furent tués et seize blessés.

Le 5, le colonel Veiland prit le commandement ; il avait pour adjoint le colonel Després, le chef de bataillon Bedos et le capitaine Pressat.

Trente-quatrième nuit, du 5 au 6.

A quatre heures, les capitaines Gillet et Amillet étaient de tranchée avec 100 hommes des troupes du génie, commandés par le lieutenant Lessard, et 300 travailleurs d'infanterie par leurs officiers respectifs : malgré le feu extraordinaire des assiégés, on travailla de suite à la batterie de brèche, dans laquelle on pratiqua une traverse en sape double ; l'artillerie participa toute la nuit à ce travail, et commença au jour les embrâsures, les plate-formes et tout ce qui était relatif à l'armement ; 5o sapeurs furent employés avec les canoniers à ces importans travaux, tandis que d'autres travailleurs étaient répartis sur divers points pour élargir les boyaux où devait passer l'artillerie, et réparer les dégradations survenues par le feu des batteries ennemies. Le capitaine Gillet mit beaucoup de zèle et d'activité à ce travail, et fut très-bien secondé par le capitaine Amillet. 1 sapeur fut tué et 10 blessés ; l'artillerie perdit aussi quelques hommes. Les mineurs, malgré tous leurs efforts, n'arrivèrent aux maçonneries de la contrescarpe qu'à la pointe du jour.

Le 6 à midi, le colonel Chasseraux prit le commandement ; le chef d'escadron Tholosé, le chef de bataillon Blondel et le capitaine Mahon étaient sous ses ordres, ainsi que deux bataillons de gardes de tranchée.

Trente-cinquième nuit, du 6 au 7 mars.

Tandis que l'artillerie travaillait avec une extrême diligence à établir les plate-formes, les blindages et les embrâsures de la batterie de brèche, le capitaine Lefaivre, avec 5o sapeurs conduits par le capitaine Martin, et 300 travailleurs par leurs officiers, faisait ouvrir un nouveau boyau pour abréger le chemin du dernier zigzag et faciliter l'arrivée des pièces de 24 jusqu'à leur destination; ensuite il commença la batterie C pour deux mortiers destinés à agir avec ceux des batteries L, U, contre les bastions 3, 4. Le capitaine d'artillerie Jacquot, qui dirigeait les travaux de son arme à la batterie de brèche, eut les jambes fracassées par un éclat de bombe et mourut: cet officier, qui était d'une valeur éprouvée, fut vivement regretté; le capitaine d'André Saint-Victor le remplaça et fut blessé un moment après; en outre, 5 hommes furent tués et 24 blessés; au nombre des derniers était un officier du 88e.

Le 7 à l'heure ordinaire, le colonel Remond monta la tranchée; l'adjudant commandant Avys, le chef de bataillon Pichard, et le capitaine Kierskowski, se trouvaient également de service avec deux bataillons d'infanterie.

Trente-sixième nuit, du 7 au 8.

A quatre heures, le capitaine Andouaud, avec le même nombre de travailleurs que les jours précédens, et secondé par les lieutenans Marcelot et Fortin, fit réparer le couronnement du chemin couvert et les communications de la batterie de brèche dégradés de nouveau par la grande quantité de projectiles de toute espèce qui pleuvaient plus que jamais sur toutes les parties des ouvrages. 200 hommes furent occupés à aider les canonniers chargés de tirer à bras les pièces de 24 dont on devait armer la batterie de brèche; ensuite on les employa aux travaux de perfectionnement qui restaient à faire à cette batterie et à la traverse du milieu, contre laquelle on appuya de forts madriers en chêne, disposés en blindages, pour servir d'abri. Notre artillerie, bien moins nombreuse que celle des assiégés, avait été forcée de ménager ses munitions; elle n'avait pu réussir à éteindre que très-imparfaitement le feu de la place, et cet état de choses occasionnait des ravages excessifs; les têtes de tranchées étaient sans cesse bouleversées et couvertes de débris; on rencontrait partout des membres épars et des cadavres mutilés gisant sur les ruines. Les bombes obstruaient le puits de mine, et les mineurs se trouvaient continuellement retardés dans leur travail. Néanmoins ils parvinrent à surmonter les obstacles, et ils se montrèrent en mesure de faire jouer la mine à huit heures du matin, et de faire sauter la contrescarpe; mais comme l'ouverture qui en serait résultée aurait pu donner accès du fossé dans nos ouvrages, le général Léry jugea à propos d'attendre la nuit pour la faire renverser; ce retard ne pouvait avoir aucun inconvénient pour les opérations ultérieures.

La batterie de mortiers C, commencée la nuit précédente, fut achevée et remise à l'artillerie pour être armée; on en entreprit ensuite une autre en F, destinée à agir également contre les fronts d'attaque. Notre perte à la tranchée fut de 4 hommes tués et 18 blessés.

Le 8, le colonel Lagarde, le chef d'escadron Tholozé, le chef de bataillon Gaud, le capitaine Lafitte et l'adjoint à l'état-major Cachera, étaient chargés du service de la tranchée.

Trente-septième nuit, du 8 au 9 mars.

A quatre heures, les capitaines Bagnac, Coste et Jasinsky, 60 hommes des troupes du génie et 300 d'infanterie, commencèrent comme les jours précédents par remédier aux dégradations que les ouvrages ne cessaient d'éprouver par le feu tertrible des assiégés: à six heures, le chef de bataillon Lamare fit jouer une fougasse qui renversa la contrescarpe de la demi-lune, et pratiqua une ouverture de trois à quatre mètres; immédiatement après, le capitaine Bagnac déboucha dans le fossé avec quelques sapeurs, pour qui l'on avait fait un amas de matériaux, et fit commencer une traverse en gabions, qu'on remplit aussitôt de sacs à terre recouverts de longues fascines. Ce travail fut poussé avec tant de vigueur et de diligence que le passage du fossé, qui avait vingt mètres de largeur, se trouva effectué avant le jour. Cette opération se fit sans que l'ennemi opposât d'autre obstacle que celui du feu de ses batteries, et sans qu'il osât hasarder aucun mouvement offensif capable de repousser nos ouvriers et de retarder le travail; de plus il avait commis la faute d'abandonner totalement la demi-lune, et comme elle n'était pas revêtue en maçonnerie, nos sapeurs l'escaladèrent, et sans désemparer creusèrent un nid de pie dans le parapet pour s'y loger. Probablement que l'assiégé ne s'aperçut qu'au jour de notre établissement dans cette demi-lune: une telle imprévoyance annonçait que, depuis la mort du général Menacho, il avait éprouvé un certain découragement dont l'effet se faisait connaître par l'absence de cette force morale qui fait agir les hommes et qui donne le mouvement et la vigueur. Les divers échecs qu'il avait essuyés dans les sorties l'avaient rendu défiant; il n'osa plus, comme on doit pourtant le faire dans ces circonstances, nous attaquer corps à corps, dans nos batteries, dans nos tranchées, afin de détruire en quelques minutes l'œuvre d'un jour; il ne profita ni de sa force numérique, ni du courage de ses troupes pour prolonger la défense par des moyens de chicane et par des subtilités que la nécessité et l'industrie font inventer; il se borna simplement à garnir d'hommes les remparts de la place, en continuant le feu le plus vif; toutefois nos travaux n'en furent point interrompus, et avancèrent avec la même rapidité que précédemment.

Le général Girard et le prince d'Aremberg, qui avaient suivi avec intérêt toutes les opérations du siége, vinrent à la batterie de brèche et dans la demi-lune, partager les dangers et encourager les travailleurs par leur exemple. 11 hommes furent tués et 47 blessés; parmi ces derniers, on comptait un officier d'infanterie et un sergent de sapeurs.

Nous devons rappeler ici un nouvel incident qui eut lieu à l'occasion de l'emplacement de la batterie de brèche. Vers les trois heures après midi, le général en chef, le duc de Trévise, les généraux Léry, Bourgeat, et plusieurs officiers supérieurs, étaient réunis sur le Céro del Viento, à la batterie Cazin (E); ils découvraient de cette hauteur nos ouvrages et une partie de ceux de la place, à une distance d'environ 1000 mètres, de manière à pouvoir juger de nos progrès et de la situation critique des assiégés. Le général d'artillerie, trompé par les apparences, ouvrit une discussion sur l'assiette de la batterie de brèche, et fit pressentir que le terre-plein de la place d'armes rentrante et les maçonneries de la contrescarpe qui se trouvaient en avant de cette batterie empêcheraient le canon d'atteindre

7.

le revêtement de la courtine assez bas pour former une brèche praticable ; les explications que
donnèrent les officiers du génie pour écarter
cette appréhension furent sans effet, et le sentiment du général prévalut assez parmi quelques personnes qui avaient pris part à la con-
testation, pour établir une opinion susceptible
de donner les plus grandes inquiétudes sur l'état
de la batterie, et sur les conséquences qui pouvaient en résulter. Il était absolument impossible
d'envoyer un tiers expert examiner de près la
place d'armes pour prononcer avec autorité sur
une question que la nature de la discussion avait
rendue des plus délicates ; d'ailleurs la batterie
n'était pas entièrement finie, et nous manquions
de cotes de nivellement pour dresser un profil
et résoudre le problème. Enfin, après divers col-
loques, le général en chef, voulant trancher le
nœud, dit au commandant du génie de faire
pousser un rameau vers la partie de la contre-
escarpe, qui était le sujet des vives inquiétudes
de l'artillerie, et de la renverser dans le fossé
par le moyen d'un fourneau de mine ; mais cet
officier ayant fait observer qu'une telle opération
exigerait au moins 60 heures de travail, le maréchal, irrité d'un contre-temps auquel il était
loin de s'attendre, au moment où il touchait,
pour ainsi dire à la reddition de la place, dit,

avec l'accent le plus vif et le plus prononcé,
qu'avant 48 heures il voulait être dans Badajoz [1]
que faute d'autres expédients les maçonneries de
la contrescarpe seraient démolies pendant la
nuit par des sapeurs, et qu'il fallait à tout prix
assurer le succès de la batterie de brèche. En
même temps, il prescrivit au chef de bataillon
Lamare de prendre les mesures nécessaires pour
assurer l'exécution de ses ordres; cet officier
partit donc aussitôt. Arrivé à la tranchée, il manda
le capitaine du génie Gillet et lui fit connaître
que le sort l'avait désigné pour diriger ce travail
périlleux. Celui-ci fit d'abord remarquer avec raison que la contrescarpe était inabordable. En
effet, les remparts étaient garnis de soldats espagnols qui faisaient un feu de mousqueterie
continuel, et la mort ne pouvait manquer d'atteindre ceux qui se montreraient à découvert sur
cette contrescarpe; mais il fallait obéir! Il est
dans le service militaire des cas singuliers qui
sortent par fois des principes généraux. Le capitaine Gillet, fermant les yeux sur le danger im-
minent qui le menaçait, désigna le lieutenant

---

[1] On venait d'être informé que l'armée de Portugal effectuait sa
retraite, ce qui devait faire présumer que lord Wellington viendrait
incessamment au secours de Badajoz avec des forces supérieures;
en effet, le général anglais ne tarda pas à se mettre en mouvement;
mais, grace à la vigueur et à l'activité du maréchal Soult, l'armée
britannique arriva trop tard pour secourir les Espagnols.

Lessard et 25 sapeurs pour le suivre; toutefois le clair de lune le força à retarder son opération jusque vers minuit : alors, profitant d'un peu d'obscurité, il se glissa avec eux, le long du terre-plein du chemin couvert jusqu'à l'angle rentrant de la contrescarpe (e) et commença par faire démolir la partie supérieure; mais aussitôt que le bruit des outils qui frappaient les maçonneries se fut fait entendre, une grèle de balles les assaillit; 16 sapeurs furent tués ou blessés et le reste dispersé. Après cette épreuve infructueuse, le capitaine Gillet rentra dans la tranchée, et prouva du moins, par un grand sang froid et par un courage héroïque, qu'il n'était point de péril capable de l'arrêter [1] . Le reste de la nuit se passa sans autres tentatives. Enfin, le jour commençait à poindre quand le capitaine d'artillerie l'Espagnol, officier de distinction, qui s'était déjà conduit d'une manière remarquable au siége d'Olivença, ouvrit le feu de la batterie de brèche avec six pièces de 24, et calma ainsi toutes les anxiétés de la veille en battant vigoureusement et complettement la courtine.

Nous ne sommes entrés dans ces détails que pour remplir fidèlement les obligations de narra-

[1] Ce brave officier a été tué à la défense de Saint-Sébastien ; il avait été promu au grade de chef de bataillon après la seconde défense de Badajoz.

teur et faire remarquer qu'en général il est dangereux de hasarder des objections qui ne sont fondées que sur de simples apparences.

Le général Maransin prit le commandement de la tranchée le 9 à l'heure ordinaire; les chefs de bataillon Brun, Monnot, et le lieutenant Galabert étaient sous ses ordres; les gardes étaient de deux bataillons.

Trente-huitième et dernière nuit de tranchée du 9 au 10 mars.

Les travaux de cette nuit furent continués par les travailleurs de l'artillerie, du génie et de l'infanterie, dirigés comme de coutume par les officiers des armes spéciales.

On épaissit la traverse établie dans le fossé de la demi-lune, avec des gabions et des sacs à terre, pour couvrir plus solidement le passage et le garantir des feux du bastion 3; en même temps, on élargit l'ouverture pratiquée dans la contrescarpe pour faciliter la marche des troupes d'élite destinées à donner l'assaut. Ensuite, d'autres ouvriers exécutèrent un escalier dans les terres de l'escarpe de la demi-lune pour monter au nid de pie. Pendant le cours de ces travaux, les assiégés, favorisés par le clair de lune, faisaient un feu terrible de mousqueterie, de canon, de mortiers et de pierriers, qui foudroyaient nos travailleurs;

toutefois nos intrépides sapeurs, profitèrent de quelques heures d'obscurité pour former un logement dans le terre-plein de la demi-lune, et ce logement une fois commencé, ils le continuèrent malgré tous les efforts de l'artillerie de la place pour les en chasser.

Des blindes avaient été préparées dans les ateliers du génie, par des charpentiers de la marine, pour servir à couvrir le mineur que le général Léry avait eu l'intention d'attacher au pied de l'escarpe de la face gauche du bastion 3, afin d'y pratiquer une brèche par l'effet d'une mine, qui aurait suppléé à l'insuffisance de la batterie de brèche, si à tout hasard elle eût manqué son objet.

Tandis que les travaux se poussaient avec toute la diligence possible, le capitaine l'Espagnol faisait continuer le feu le plus vif contre la courtine, et son zèle était couronné par un succès toujours croissant; à chaque salve d'artillerie, on voyait des quartiers de muraille tomber avec fracas dans le fossé; en même temps, toutes nos autres batteries de mortiers et de ricochets faisaient un grand feu et réduisaient par intervalles celles des assiégés au silence. Néanmoins nos pertes furent à peu près égales à celles des nuits précédentes.

Le 10, à l'aube du jour, le revêtement et le

parapet de la courtine, sur une longueur de 25 à 3o mètres, étaient entièrement renversés, et la brèche paraissait déjà rigoureusement praticable ; le feu ayant continué avec vivacité, à neuf heures elle était aussi large et aussi accessible qu'on pouvait le désirer. D'un autre côté, le bombardement et le ricochet avaient tout bouleversé sur les remparts, et l'extrême diminution du feu des batteries du front attaqué, annonçait une grande détresse dans la place ; elle se faisait connaître par l'espèce d'inertie dans laquelle la garnison était tombée.

. Dans cet état de choses, le général en chef fit suspendre le feu des assiégeans, et il résolut de faire une tentative auprès du nouveau gouverneur, le général Imas, pour le déterminer à capituler avant de soutenir un assaut qui ne pouvait manquer de coûter beaucoup de sang aux deux partis. Dans ce but, le maréchal lui envoya un parlementaire pour le sommer de rendre la place, promettant d'approuver les conditions les plus honorables qu'il serait possible de lui accorder, et le félicitant d'ailleurs sur sa belle et longue résistance. Le gouverneur, après avoir pris l'avis de son conseil, reconnut la nécessité de capituler pour sauver la ville du sac dont elle était menacée. En effet, il était arrivé au terme d'une défense qui ne pouvait se prolonger sans exposer la population de Badajoz aux plus grands malheurs et la garnison à être passée au fil de l'épée, après avoir été enlevée d'assaut; mais, tout en se soumettant à l'empire des circonstances, le général Imas se refusait aux conditions dictées par le maréchal, de sorte que la matinée se passa en pour-parlers et sans aucun résultat. Cependant le général en chef avait de fortes raisons de se rendre maître de la place le plus tôt possible. Comme nous l'avons déjà dit, les Anglais étaient près d'arriver; une dépêche télégraphique de lord Wellington avait informé le gouverneur que le prince d'Essling avait commencé sa retraite et que la place serait promptement secourue. Il ne s'agissait donc pas de perdre du temps en négociations; tout retard eût été une faute; le maréchal était trop habile pour différer un moment, et des ordres furent donnés pour livrer l'assaut à 4 heures du soir. Dans cette attente, l'armée prit les armes, chaque division se mit en bataille en front de bandière; le service de la tranchée fut organisé comme de coutume; mais les travaux et le feu de nos batteries restèrent suspendus à cause de la sommation faite au gouverneur.

A une heure, le général Pepin, qui venait de recevoir le commandement des troupes destinées à monter à l'assaut, arriva dans la parallèle; il y avait été précédé, dès le matin, par deux bataillons de fusilliers, huit compagnies de grenadiers ou voltigeurs, et 100 hommes des troupes du génie, dirigés par le chef de bataillon Lamare, les capitaines Lefaivre, et Coste, les lieutenans Fortin et Lessard, ainsi que par les chefs respectifs de chaque corps de la ligne. Ces colonnes s'avancèrent ensuite dans les zigzags en avant de la deuxième parallèle et jusque dans le fossé de la demi-lune, attendant avec un noble enthousiasme le signal de la dernière et de la plus hasardeuse de toutes les opérations du siège. En même temps, d'autres détachemens d'infanterie, également précédés par des sapeurs munis d'échelles, à la tête desquels marchaient les capitaines Andouaud et Martin, les lieutenants Marcelot et Muller, s'établirent dans le boyau de la batterie (F) et près du confluent de la Rivillas et du Calamon, d'où ils devaient se porter simultanément et au même signal, les uns au saillant du bastion 1 et à la porte de las Palmas, et les autres à la gorge de la lunette 13, afin d'attirer l'attention des assiégés sur ces points et profiter de toutes les circonstances favorables pour escalader les remparts pendant que l'assaut se donnerait à la brèche. Sur ces entrefaites, le général en chef et le duc de Trévise vinrent à la tranchée pour s'assurer si les dispositions qu'ils avaient ordonnées étaient ponctuellement suivies; leur présence excita toutes les émulations; des cris d'allégresse, présage de la victoire, retentirent de toutes parts et portèrent l'effroi jusque dans le conseil de défense. Enfin, tout était prêt, on n'attendait plus que le signal de l'assaut, lorsque, vers les trois heures, on annonça que la place avait capitulé, résultat d'audace d'une part et de terreur de l'autre. En conséquence le duc de Trévise donna l'ordre au général Pepin de faire occuper de suite la porte de la Trinidad, le fort San-Christoval et la tête de pont par trois compagnies d'élite du 103e régiment. Cette journée vit donc terminer une lutte sanglante dans laquelle les Français et les Espagnols se signalèrent par des traits remarquables de bravoure et de dévouement à jamais mémorables dans les fastes militaires.

CAPITULATION

DE LA PLACE DE BADAJOZ.

Nous Louis-Anne Gouré, adjudant commandant, chef de l'état-major du 5e corps d'armée, officier de la Légion - d'Honneur, muni de pleins pouvoirs de S. Exc. le maréchal duc de Trévise, commandant les troupes du siége, et le sieur Horé, brigadier des armées espagnoles, lieutenant-colonel du régiment du prince, muni de pleins-pouvoirs de M. le général Imas, gouverneur de Badajoz ; lesquels, après s'être réciproquement communiqués leurs pleins-pouvoirs en bonne et due forme, sont convenus des articles suivans :

ART. 1er. La place de Badajoz, forts et ouvrages qui en dépendent, seront remis demain, 11 mars, à neuf heures du matin, à l'armée française.

ART. 2. L'artillerie, les armes, les munitions, magasins, caisses de l'administration militaire et celles de la province seront remis, aux officiers français qui seront délégués pour les recevoir.

ART. 3. La garnison sera prisonnière et conduite en France ; elle sortira de la place avec les honneurs de la guerre, tambour battant, mèche allumée, ayant deux pièces de campagne en tête.

ART. 4. MM. les officiers généraux et officiers de tous grades conserveront leurs équipages et leurs propriétés particulières ; les soldats leurs sacs.

ART. 5. Il sera accordé à MM. les officiers et à leurs épouses des moyens de transport autant que les localités le permettront.

ART. 6. Les non-combattans, tels que les médecins, les chirurgiens, commissaires des guerres et employés d'administration seront renvoyés chez eux en liberté, en quel lieu que soit leur domicile, et il leur sera accordé des passe-ports à cet effet.

ART. 7. Il est convenu, malgré la tolérance connue des Français, que les habitans de Badajoz ne seront pas recherchés pour leurs opinions politiques; leur religion étant la même que celle des Français, bien loin d'en gêner l'exercice, on la protégera; ils ne seront, non plus que les autres habitans de l'Espagne, forcés de prendre les armes contre les Espagnols.

ART. 8. Dès ce soir, et le plutôt possible, les troupes françaises prendront possession du fort San-Christoval, de la tête de pont et de la porte de la Trinité; des ordres seront donnés, pour leur remise, par M. le général Imas, gouverneur.

ART. 9. En conséquence de l'art. 2, les officiers et membres de l'administration française, qui seront dans le cas d'être envoyés dans la place, y seront reçus à l'heure qu'il plaira à M. le maréchal duc de Trévise de les y faire entrer.

ART. 10. M. le général Imas, gouverneur, sera libre d'envoyer un officier au général en chef Mendizabal, pour lui donner connaissance de cette capitulation.

La présente capitulation sera ratifiée le plutôt

possible par S. Exc. le duc de Dalmatie, général
en chef de l'armée du midi, et par M. le gouverneur de Badajoz.

Signé GOURÉ et HORÉ.

D'après cette capitulation, l'adjudant commandant Gasquet, le chef de bataillon Lamare, le
capitaine d'artillerie Desjobert, le commissaire
des guerres Vienné, un détachement des troupes
du génie et une compagnie de grenadiers en-
trèrent dans la place le 11 à sept heures du matin, prirent possession de l'arsenal, des magasins de vivres et de munitions, ainsi que des ar-
chives et tout ce qui composait le matériel; à dix
heures, la garnison, forte de 7880 hommes, sortit de la place par la porte de la Trinidad, défila
devant l'armée assiégeante, tambours battants,
mèche allumée, déposa les armes sur les glacis,
et fut conduite prisonnière en France.

Le général en chef voulut bien accorder à une
compagnie de grenadiers espagnols de sortir par
la brèche, en témoignage de l'estime que les
troupes de la garnison lui avaient inspirée. Immédiatement après, S. Exc., accompagnée du duc
de Trévise et d'un nombreux état-major, fit son
entrée dans Badajoz, à la tête des troupes du
cinquième corps, destinées à former la nouvelle garnison de cette ville. La cavalerie de ré-

serve et les parcs restèrent dans leurs positions
respectives. On trouva dans la place 170 bouches
à feu de divers calibres, 80 mille livres de poudre, 300 mille cartouches, beaucoup de projectiles et deux équipages de pont. On se hâta de
fermer la brèche et de faire détruire les ouvrages
d'attaque par les troupes du génie et des travailleurs d'infanterie; l'artillerie s'occupa aussi à
réarmer les remparts. La ville avait beaucoup
souffert du bombardement, notamment les parties voisines des fronts du sud. Des retranchemens imparfaits pratiqués dans les terre-pleins
des bastions 3, 4, et des coupures faites dans les
rues adjacentes, indiquaient une première intention de défendre pied à pied les ouvrages et
même divers quartiers de la ville; mais cette résolution ne put avoir son effet faute de temps,
ou manqua par le défaut d'énergie et de persévérance du nouveau gouverneur. Grand nombre
d'habitans s'étaient réfugiés en Portugal, avant la
bataille du 19 avril; les plus notables de ceux qui
étaient restés demandèrent à capituler, dans la
crainte de voir détruire totalement leurs maisons
et d'être écrasés sous leurs débris.

Ainsi se termina le siége de Badajoz, entrepris
avec des forces très-inférieures à celles des alliés,
à plus de 40 lieues du centre des opérations
de l'armée du midi, dans la saison la plus rigou-

reuse, par des pluies continuelles et dans le temps
des débordemens de la Guadiana. Toutefois,
l'ordre parfait qui régnait dans les administrations,
l'économie des faibles moyens qui étaient à la disposition de l'artillerie et du génie, l'activité et le
courage de l'infanterie qui rivalisait avec les
troupes des armes spéciales, enfin, la prudence
et la fermeté des officiers du génie dans la conduite des travaux, sous le feu à bout portant de
la place, où toutes les forces de l'assiégé étaient
concentrées au plus haut degré, épargnèrent
beaucoup de sang et contribuèrent efficacement
au succès de cette grande entreprise.

L'artillerie de siége consomma 25,400 projectiles de différentes espèces. Le génie employa
15,000 sacs à terre, environ 2000 gabions et autant de fascines.

Note succincte sur Badajoz.

Badajoz, capitale de l'Estramadure, est une
grande place-forte située sur la rive gauche de la
Guadiana, aux confluens de la Gévora et de la
Rivillas, au milieu d'une contrée fertile en blé,
en vin et en fourrages, à 40 lieues de Séville, à 36
de Lisbonne, à 70 de Madrid, et à 350 de Paris.
Sa population est de 16 à 17 mille ames. Son enceinte au sud se compose de huit fronts réguliers
bien revêtus en maçonnerie. Les escarpes des

8

bastions n° 3, 4, 5, 6, 7 et 8 ont dix mètres de hauteur de maçonnerie ; celles des bastions n° 1, 2 et 9, ainsi que celles des courtines, sont beaucoup moins élevées; une contregarde, une tenaille et huit demi-lunes, encore imparfaites, défendent les approches de ces fronts ; un bon chemin couvert, une contrescarpe revêtue de 6 à 7 pieds de hauteur, excepté en avant du front 8, 9, qui n'est entouré que d'un simple glacis, complètent la défense de ces points. Une espèce de redan, également revêtu d'environ 900 mètres de longueur, ferme la place du côté du fleuve et s'appuie à droite au château et à gauche au bastion n° 1. Au nord, près l'angle formé par la jonction de la Rivillas et de la Guadiana, s'élève un mamelon d'environ 40 mètres de hauteur au-dessus de la Guadiana, sur lequel est établi un château dont les murailles, mal flanquées, se rattachent au bastion n° 9 et se présentent à découvert. Ce château, assis sur un espace assez étendu, pourrait, au moyen de quelques travaux, former un réduit capable d'une bonne défense; il renferme des bâtimens militaires et un grand magasin à poudre. Au sud, à 300 mètres environ en avant du front 4, 5, est un ouvrage à couronne (Pardaleras), dont l'escarpe est un peu basse et les fossés étroits ; à l'est, en avant du bastion n° 7 et devant la porte de la Trinidad, sont deux lunettes (cotées 13 et 14) en bon état, liées ensemble par un chemin couvert, et sé- parées de la place par le ruisseau de la Rivillas.

Sur la rive droite de la Guadiana, en face du château et à la distance de 400 mètres, se trouve le fort San-Christoval, élevé, comme le château, à la hauteur de 40 mètres, et construit sur un rocher escarpé du côté du fleuve; ce fort est à peu près carré et présente deux petits fronts ré- guliers avec une demi-lune et chemin couvert; son escarpe en maçonnerie a 6 mètres 50 de hauteur, et sa contrescarpe environ deux mètres.

On communique de la ville à ce fort par un pont en pierres de 400 mètres de longueur, cons- truit par les Romains, et fameux par la défaite des Portugais en 1661. Ces communications sont couvertes par le fort même et par une petite tête de pont. Un redan en terre lie ces deux derniers ouvrages et couvre aussi le chemin qui se trouve au-dessous.

La ville renferme un bel hôpital militaire, des casernes, une cathédrale, plusieurs couvents et un évêché suffragant de Compostelle. Longitude 11° 24', latitude 38° 30'.

MARÉCHAUX et LEURS AIDES DE CAMP.	GÉNÉR. DE DIVISIONS et LEURS AIDES DE CAMP.	GÉNÉR. DE BRIGADES et LEURS AIDES DE CAMP.	
Son Exc. le maréchal Soult, duc de Dalmatie, général en chef de l'armée du midi en Espagne.	MM.	MM.	MM.
	Le bar^{on} Léry, commandant le génie de l'armée du midi.	Le baron Bourgeat, commandant l'artillerie de siége.	Moquery
———	———	Perney, capitaine, aide de camp.	de l'arm
AIDES DE CAMP. MM.	St-Denys, capitaine, aide de camp.	Le baron Philippon, commandant la 1re brigade de la 1re division.	Gouré, comman d'état m corps.
Hulot, colonel.	Léry, (Alex.) id.		
Brun, chef d'escad.	———	Duhamel, lieuten., aide de camp.	
St.-Chamans, id.	Le baron Girard, commandant la 1e division du 5e corps.	Desmeuve, id. id.	Hudry, c taillon, vision.
holosé, id.		Le baron Brayer, commandant la 2e brigade de la 1re division.	
Petiet, capitaine.			
Ricard, id.		Thevenin, lieuten., aide de camp.	
De Choiseul, id.			Gasquet, comman 2e divis
Lafitte, — id.	Mesclop, capitaine, aide de camp.	Le baron Pepin, commandant la 1e brigade de la 2e division.	
Després, colonel, aide de camp.	Dubourg, id.	Coffe, lieutenant, aide de camp.	
	Muron, id.		
———	Chauvel, id.	Le baron Maransin, commandant la 2e brigade de la 2e division.	Le baron adjud', dant.
on Exc. le maréchal Mortier, duc de Trévise, commandant le 5e corps.	———		
	Le comte Gazan, commandant la 2e division du 5e corps.	Vanloo, lieutenant, aide de camp.	Avy, adju mandant
———	———	Marti, général espagnol.	Niboyet c
AIDES DE CAMP. MM.	D'Arnaud, chef de bataillon, aide de camp.	Navaro, id.	
Lapointe, colonel.	Sperandien, capitaine, id.		
apierre, chef de bataillon.			
urivau, capitaine.	———		
aumetz, id.			
e Choisy, id.			

ADJOINTS à ÉTAT-MAJOR.	INSPECTEURS AUX RÉVUES, COMMIS-SAIRES DES-GUERRES ET OFFIC. DE SANTÉ.	5ᵉ CORPS.	NOMBRE DE BATAILLONS.	CAVALERIE de RÉSERVE.
M, pelly, chef de taillon.	MM. Bazire, ordonna-teur du 5ᵉ corps	1ʳᵉ DIVISION. 34ᵉ de ligne, co-lonel Rémond.	3	Mʳ le général de division comte Latour - Mau-bourg, — com-mandant la cava-lerie de réserve.
os, id.	Vienné, commis-saire des guerr.	40ᵉ id., colonel Chasseaux....	3	
venin, capi-ne.	Hésy, id.	64ᵉ id., colonel Vigent......	2	D'Atas, chef d'es-cadron, aide de camp.
tabenrath, id.		88ᵉ id., colonel Veiland.....	3	
hon, id.	Bidot, médecin principal.			Nadaillac, capi-taine, id. Matarel, id.
roswski, id.		2ᵉ DIVISION.		
in, id.	Rapatel, chirur-gien en chef.	2ᵉ léger, colo-nel Lagarde..	3	Damville, chef d'état major.
St-Vincent, ttaché au gé-éral en chef.		28ᵉ id., colonel Proefke......	3	4ᵉ de dragons, colonel Farine.
tterie, capi-ine.	Macquerie, chi-rurg. de l'am-bulance.	100ᵉ de ligne, colonel Quiot.	3	14ᵉ id. comman-dé par le chef d'escadron Hu-dry.........
motte, id.		103ᵉ id., colo-nel Rignoux.	3	
her, id.	Malcuisant, chi-rurgien.			26ᵉ id. colonel baron Chamo-rin.
lombière, ttaché au gé-éral en chef.	Desnoyers, id.	CAVALERIE.	23	21ᵉ de chasseurs commandé par le chef d'esca-dron Muller..
poteri, capi-e..		27ᵉ de chasseurs à cheval, colo-nel prince d'A-remberg.....	ESCA-DRO. 4	4ᵉ id. espagnol, colonel......
estat, id.		1ᵉ compag d'é-lite de chass à cheval, capit Landrieue.		2ᵉ de hussards, colonel baron Vinot.......
erskowski, id.				10ᵉ id. comman-dé par le chef d'escadron Des-marets.......
breguette, — ous-lieutenant.				
chini, id.		25 gendarmes, lieutent Beau-court.		
aldo, id.				

ARTILLERIE DE SIÉGE.

ÉTAT MAJ. ET MATÉR.	TROUPES.	ÉTAT-MAJ. ET MAT.
MM. Le général baron Bourgeat. Le colonel baron Bouchut, chef de l'état major. Lambert, chef de bataillon, sous chef d'état major. Moron, capitaine, directeur du parc. Desjobert, id. inspecteur du train d'artillerie. - Dubois, capitaine. Munier, id. D'André, id. Morlaincourt, id. Hamelin, id. Gonzalez, major espagnol. Horré, capitaine id.	6ᵉ compagnie de pontonniers, capitaine Gillet, lieutenants Bricon et Touraine. 8ᵉ compagnie d'ouvriers, le lieutenant Orange. Une compagᵉ du 1ᵉ régiment d'artillerie à pied, capitaine Lespagnol, lieutenants Dumont et Charpentiers. 1ᵉ compagnie du 5ᵉ, capitaine Levasseur, lieutenᵗˢ Loos et Brutillot. 20ᵉ compagnie du 5ᵉ, capitaine Jacot, lieutenᵗˢ Tortel, Poimel et Emy. 2ᵉ compagnie du 6ᵉ, capitaine Chateaubrun, lieutenant Grandjean. 11ᵉ compagnie du 6ᵉ, capitaine Maurice, lieutenᵗˢ Webres, Burey. 19ᵉ compagnie du 6ᵉ, capitaine Guirot, lieutᵗˢ Hamelin et Esperonnier.	MM. Le général baron Léry. Cazin, chef de bataillon. Lamare, id. Vainsot, capitaine. Andouaud, id. Lemut, id. Lefaivre, id. Bagnac, id. Amillet, id. Grégorio, capitaine espagnol. Riffa, lieuten. id.
MATÉRIEL. Pièces de 24 ..... 8 Pièces de 12 ..... 12 Pièces de 8 ..... 16 Mortiers de 10 pou. 4 Petits mortiers.... 4 Obusiers de 8 pouc. 4 Obusiers de 6 pouc. 8 TOTAL des bouc. à feu .... 54 Caissons et voitures chargées de munitions 300	**ARTILLERIE A CHEVAL.** Deux compagnies d'artillerie à cheval des 3 et 6 régim., capitaines commandants Cazeaux et Petitdidier, capitaines en 2, Michel et Bellaucontre; lieut. Frémoud, Morlot et La Frogue. **TRAIN D'ARTILLERIE.** 2ᵉ, 4ᵉ et 6ᵉ compagnie de différents bataillons, capitaine command. Chrisnard, sous-lieutenants, Bélin, ... et Audy.	**MATÉRIEL.** 20 caissons d'outils. 75 voitures de paysans chargées de matériaux.

SIÈGE DE CAMPO-MAYOR.

Badajoz s'étant rendu, le duc de Dalmatie, général en chef, envoya la cavalerie de réserve en Portugal, pour disperser les partis qui s'y étaient formés des débris de l'armée de Mendizabal, et protéger en même temps le ravitaillement de la place. Informé que Campo-Mayor[1] avait une faible garnison et un assez bon matériel en artillerie, il conçut le projet de s'en emparer pour ôter ce boulevart aux alliés, continuer de faire une diversion en faveur du prince d'Essling, et remplacer à Badajoz un grand nombre de canons de gros calibre, mis hors de service par le feu extraordinaire que les Espagnols avaient maintenu pendant tout le siége : il préjugea que Wellington, instruit de la chûte de cette place, ralentirait la marche de ses troupes, et qu'il aurait le loisir d'accomplir ses desseins avant leur arrivée.

Après avoir ainsi reconnu que le temps et les moyens pour réduire Campo-Mayor étaient suffisans, et qu'il était important que cette forteresse fût prise, le général en chef donna l'ordre au ma-

[1] Place de guerre située à trois lieues N. O. de Badajoz.

réchal duc de Trévise d'en faire le siége avec une
partie des troupes du 5ᵉ corps, 600 hommes de cavalerie et l'artillerie qui avait servi à soumettre la
capitale de l'Estramadure. Les colonnes destinées
à cette expédition se mirent en mouvement le
14 mars au matin, et arrivèrent le même jour devant la place; le maréchal, accompagné des officiers
du génie, en fit aussitôt la reconnaissance, et l'on
jugea qu'elle avait six ou sept bastions entourés
de chemins couverts, présentant deux pointes,
l'une à l'ouest, sur un terrain élevé et occupé par
un château assez fortement constitué, l'autre au
sud-est formée par un bastion à un seul flanc, le
plus aigu de tous, et couvert à 250 mètres environ par un ancien ouvrage à cornes en terre,
que le Gouverneur n'avait pas jugé à propos d'occuper; ce dernier point saillant fut considéré
comme le plus faible, et celui qu'il convenait d'attaquer; en conséquence le maréchal décida qu'on
s'établirait dans cet ouvrage à cornes, et que l'attaque partirait des extrémités des fossés des deux
branches[1]. Sur ces entrefaites le duc de Trévise
reçut un rapport du général Latour-Maubourg,
qui s'était avancé jusqu'auprès d'Alburquerque
dans la haute Estramadure, à travers un pays
très-accidenté, peu propre à des mouvements de

[1] Les régimens d'infanterie établirent leur camp au sud et au
nord, la cavalerie compléta l'investissement.

cavalerie; qu'étant parvenu jusque sous le canon
du fort de cette ville, il s'était assuré que ce fort
était occupé par une garnison qui annonçait l'intention de se défendre; qu'en outre il paraissait
bien fortifié, d'un accès difficile, et qu'il pensait
qu'on ne pourrait le réduire sans infanterie et
sans artillerie. Ce rapport détermina le maréchal
à détacher le 100° régiment de ligne avec deux
pièces de canon de montagne sous le commandement du colonel Quiot, auquel il adjoignit le
capitaine du génie Lefaivre, pour marcher sur
Alburquerque; cette colonne partit le 15 au matin, et arriva en vue du fort vers deux heures
après midi. Tout en faisant des dispositions pour
l'investissement, le colonel Quiot envoya le capitaine Lefaivre, avec deux compagnies de voltigeurs, pour faire la reconnaissance de ce fort et
avoir des nouvelles de la cavalerie de réserve;
cet officier s'avança jusqu'à portée de fusil des
fortifications, très-étonné de ne point apercevoir
de postes, lorsque cinq dragons, sortis d'Alburquerque, lui annoncèrent que l'ennemi l'avait
évacué; immédiatement après le général Latour-
Maubourg informa le colonel Quiot que la seule
présence de la cavalerie de réserve avait répandu
l'alarme dans toute la contrée, et qu'à la sollici-
tation des habitans qui avaient craint un bombardement et toutes les calamités d'un siége,

le commandant du fort s'était décidé à l'abandonner.

Le lendemain 16, le général renvoya le colonel Quiot et ses troupes devant Campo-Mayor, où elles reprirent dès le soir même leurs bivouacs. Avant le départ, le capitaine Lefaivre examina les fortifications, qu'il trouva en bon état, et capables de résister avec une poignée de braves aux attaques régulières d'un siége. Le général Latour-Maubourg fit ensuite démanteler ce fort, et rejoignit également le maréchal devant Campo-Mayor.

Revenons au siége de cette place. Pendant la nuit du 14, le capitaine du génie Andouaud, avec 300 travailleurs, ouvrit un boyau dans le glacis du front de l'ouvrage à cornes, pour communiquer au fossé des branches, et fit faire aux extrémités, près de la gorge, deux traverses pour en masquer l'entrée; à droite de cet ouvrage, à 40 mètres environ, on commença une batterie de six pièces de 24 pour battre en brèche la face gauche du bastion aigu (dit do Conçelho), dont la maçonnerie était vue par-dessus la crête du glacis à une distance de 160 mètres [1]; plus loin sur la droite, à 200 mètres environ, on éleva un parapet, en avant d'un chemin creux, derrière lequel on plaça un gros mortier et deux obusiers

[1] Cette batterie de brèche était commandée par le capitaine d'artillerie Guirot.

de 8 pouces; cette deuxième batterie enfilait la ville dans sa plus grande longueur; enfin une troisième batterie, de huit petits mortiers, fut établie dans le fossé de la branche droite de l'ouvrage à cornes : ces deux dernières commencèrent à tirer dès la première nuit de tranchée [1].

Dans la journée du 15, on perfectionna les ouvrages entrepris, et on continua de travailler avec activité à masser la batterie de brèche; les deux autres batteries ne cessèrent point de tirer, quoiqu'elles fussent très-inquiétées par le feu du château qui les plongeait avec avantage. A quatre heures du soir, le capitaine du génie Amillet monta la tranchée, et fit ouvrir un boyau en forme de parallèle à la gorge de l'ouvrage à cornes; la batterie de brèche fut continuée, et les deux autres tirèrent une partie de la nuit sur la ville : l'ennemi riposta vivement, mais son feu ne nous fit que très-peu de mal; au jour on perfectionna les ouvrages entrepris.

Le 16, la batterie de brèche fut achevée, elle tira dans la matinée contre la face gauche du bastion do Concelho; vers une heure après-midi, le maréchal envoya sommer la place par le chef de bataillon Hudry; le gouverneur ne voulant entendre aucune proposition, le feu de nos bat-

[1] Ces deux batteries étaient commandées par les lieutenans Hamelin et Bursi.

teries continua toute la journée; vers le soir le capitaine Lefaivre, avec 150 travailleurs, déboucha de la gauche de la parallèle et poussa pendant la nuit un boyau de 60 mètres en avant de la batterie des petits mortiers, au jour il le fit perfectionner, et l'artillerie continua son feu pendant toute la journée du 17.

Pendant la nuit du 17 et la journée du 18, le capitaine Andouaud ne fit que réparer les ouvrages dégradés par le feu de la place et perfectionner ceux entrepris la veille.

Dans la nuit du 18, le capitaine Amillet fit prolonger de 40 mètres le boyau commencé le 16 au soir; le feu des batteries continua avec vivacité de part et d'autre pendant toute la journée du 19; le soir le capitaine Lefaivre ouvrit, à la sape volante, un nouveau boyau, en retour du premier, de 120 mètres environ de longueur, dirigé sur la capitale du bastion do Concelho et aboutissant à 3 mètres de la crête du chemin couvert de ce bastion; ce travail fut exécuté avec beaucoup de célérité, malgré le feu des assiégés, qui dura toute la nuit; au jour la batterie de brèche recommença son feu avec une nouvelle vigueur, et acheva de faire écrouler le revêtement, sur une longueur d'environ vingt mètres.

A une heure, la brèche paraissant praticable, le capitaine Lefaivre voulut s'en assurer; dans ce but

il se glissa du dernier zigzag jusque dans le chemin couvert où était un pan de mur derrière lequel il s'abrita pour la reconnaître; en ce moment
deux jeunes officiers de grenadiers du 100ᵉ régiment, dont le bataillon était de garde à la tranchée, le joignirent derrière le mur, le capitaine
Lefaivre leur fit remarquer qu'il existait à la contrescarpe, vis-à-vis la brèche, un talud en terre,
qui ressemblait à une ancienne descente de fossé,
par laquelle il paraissait qu'on pourrait arriver
jusqu'aux décombres, sans difficulté : ces deux
officiers, plus audacieux que prudens, ne consul-
tant que leur courage, voulurent aussitôt gravir
la brèche, mais le capitaine Lefaivre les arrêta
pour avoir le temps de réunir ses travailleurs,
d'avertir l'artillerie et le commandant de la tranchée pour les faire appuyer; à peine était-il rentré
dans le boyau, qu'il aperçut les deux officiers
sur la brèche! voulant alors profiter du moment,
il s'élança dans le fossé avec ses travailleurs, pour
monter à l'assaut; mais ce mouvement, qui ne
put se faire sans bruit, donna l'éveil aux assiégés:
plusieurs coups de canon à mitraille partirent à
l'instant et renversèrent 5 à 6 hommes de la petite colonne assaillante, qui, mal organisée et
nullement soutenue, fut forcée de rétrograder.
Ainsi cette tentative, qui aurait infailliblement
réussi si le capitaine Lefaivre avait eu le temps

de réunir les gardes de la tranchée aux travailleurs, échoua par trop de précipitation de la part
des deux officiers de grenadiers.

Toutefois cette aventure intimida assez la garnison et les habitans, pour hâter la capitulation :
Le maréchal en profita et envoya dans la place
un nouveau parlementaire auquel le gouverneur
promit de se rendre dans 24 heures, s'il n'é-
tait secouru. On acquiesça à cette proposition et
l'on perdit un temps précieux qui fut cause, peu
de jours après, d'un échec qu'on aurait peut-être
évité en exigeant dès le soir même la reddition
de la place.

Le 20, les choses restèrent dans le même état;
le 21 au matin le 100e régiment prit possession de
Campo-Mayor. Le major Tallaia, ingénieur portugais, en était le gouverneur; il réunissait la
capacité à la bravoure militaire, et fit tout ce qui
était en son pouvoir pour défendre, avec une
très-faible garnison, une place dont les fortifications avaient été négligées.

Campo-Mayor ayant succombé, le maréchal
Mortier retourna à Badajoz avec les troupes du
5e corps et le parc de siége, laissant au général
Latour-Maubourg le soin de faire démanteler la
place, et d'envoyer à Badajoz tout le matériel de
l'artillerie; des officiers et des troupes de cette
arme y furent laissés avec le 100e régiment, en-

viron 800 chevaux, et une demi batterie d'artillerie légère; mais les ordres donnés à cet effet
s'exécutèrent avec lenteur, et trois jours s'étant
écoulés dans l'inactivité, on fut forcé d'abandonner précipitamment la place; les fortifications restèrent debout, et la brusque retraite qui eut lieu
sur Badajoz s'effectua avec une grande confusion.

Cependant le général Béresfort, l'un des lieutenans de lord Wellington, avait été détaché de
l'armée Anglo-Portugaise, après l'affaire de Pom-
bal, avec trois divisions d'infanterie [1], le 13ᵉ régiment de dragons-légers, une division de grosse cavalerie et l'artillerie nécessaire pour s'opposer aux
opérations offensives de l'armée du midi en Estramadure. Ce général passa le Tage à Tancos le 17
mars, arriva le 20 à Portalègre, et se porta le 25
sur Campo-Mayor, où ses coureurs parurent dès le
matin [2]; vers 10 heures une forte colonne de cavalerie fit replier nos avant-postes; déjà toute
l'artillerie qui provenait de la place était en mar-

[1] L'infanterie était composée des 2e et 4e divisions anglaises et
de la division portugaise du général Hamilton. Durant cette campagne les divisions d'infanterie de l'armée des alliés étaient de
5,000 hommes.

[2] Le capitaine Chenu avait été envoyé en reconnaissance, et rap-
porta la nouvelle qu'une colonne de trois mille hommes de cavalerie avec de l'artillerie arrivait en hâte, et qu'il la croyait suivie
d'infanterie: on prétendit d'abord à l'état-major que cet officier
grossissait les objets; mais on reconnut malheureusement trop tard
que son rapport était exact.

che à une grande demi-lieue sur la route de Badajoz, escortée par le 100° régiment commandé par le colonel Quiot : le général Latour-Maubourg, qui couvrait la retraite avec 800 chevaux et une demi-batterie d'artillerie légère, fut attaqué vivement par un corps quatre à cinq fois plus nombreux que le sien, et fut contraint, après de vains efforts pour le contenir, d'abandonner la queue du convoi, qui fut aussitôt mise en désordre; chargée ensuite dans tous les sens, la cavalerie du général Latour-Maubourg fut jetée dans une affreuse déroute et sa demi-batterie légère enlevée; mais abandonnée par l'ennemi, pour suivre les fuyards, elle fut reprise par les canonniers à cheval qui se réunirent à leurs pièces et parvinrent à rejoindre le 100° qui s'était formé en carré par bataillons, sur la grande route. Dans ce moment critique le général Latour-Maubourg, après avoir fait tout ce qui dépendait de lui pour arrêter les efforts de l'ennemi, n'eut que le temps de se jeter au milieu d'un carré : le colonel Chamorin, du 26° de dragons, ne put y arriver; il reçut la mort à la vue de nos grenadiers; plus de 20 escadrons ennemis qui couvraient la plaine se rabattirent ensuite avec de l'artillerie sur le 100° régiment, qui soutint plusieurs charges; cette situation périlleuse n'ébranla point le courage des vétérans de la grande armée; le général et le colonel du 100° faisaient former les carrés, repoussaient les attaques, se reformaient en colonne, et marchèrent ainsi pendant deux lieues sans que l'ennemi, malgré sa supériorité numérique, pût jamais entamer cette poignée de braves; exemple frappant de ce que peut la bonne infanterie contre la cavalerie.

Bien que le maréchal Mortier eût été informé de l'apparition des Anglo-Portugais, et de l'évacuation subite de Campo-Mayor, il ignorait pourtant l'échauffourée qui venait d'avoir lieu; il en fut informé par le bruit du canon et par le commandant du génie de Badajoz, qu'il avait envoyé à Campo-Mayor, pour faire accélérer la démolition des fortifications; cet officier avait à peine fait une lieue sur la route, lorsqu'il rencontra un grand nombre de fuyards et de soldats du train blessés, poursuivis par une nuée de cavaliers, ce qui l'obligea de rétrograder au galop; poussé vivement par un peloton de dragons-légers, jusque sur les glacis de la tête de pont de Badajoz, il n'eut que le temps de fermer la barrière du chemin couvert, d'appeler le poste et de faire tirer à bout portant sur ce peloton; le fort San-Christoval, averti par le feu de la tête de pont, tira en même temps cinq à six coups de canon, et le peloton s'éloigna avec une perte de quelques hommes. Après avoir mis cet ouvrage

9

en sûreté, le commandant du génie se rendit en toute hâte près du duc de Trévise pour l'avertir de ce qui se passait; aussitôt la générale fut battue et le maréchal sortit de la ville à la tête de deux régimens d'infanterie et d'un régiment de cavalerie, il alla au devant du 100ᵉ, qui venait de se couvrir de gloire, et rallia la cavalerie du général Latour-Maubourg; ensuite il entama quelques charges. qui firent replier les Anglo-Portugais, délivra nos prisonniers et dégagea le convoi d'artillerie, qui rentra dans Badajoz, sans autre perte que celle d'une bouche à feu et de quelques chariots.

L'ennemi déconcerté regagna Campo-Mayor en toute diligence, après avoir perdu plus de 100 hommes tués, et 77 prisonniers; notre perte en blessés fut aussi très-considérable, la cavalerie ennemie ayant eu beau jeu avec des soldats du train. Nous eûmes surtout à regretter le colonel Chamorin, officier de la plus grande distinction.

La prise de Campo-Mayor termina les opérations offensives de l'armée du midi, en Estramadure, pendant l'hiver de 1811. Ainsi en 80 jours le général en chef, avec un corps de 13 à 14 mille hommes, traversa la Sierra Moréna, passa un large et rapide fleuve, et après avoir pénétré jusque dans la Haute-Estramadure, prit trois places de guerre et un fort, et défit l'armée espagnole à la bataille de la Gévora. Le résultat de cette belle campagne, pendant laquelle on prit 25 drapeaux, 200 pièces de canon et 17,000 prisonniers, fut d'opérer une puissante diversion en faveur de l'armée de Portugal qui était alors en retraite sur Almeida et Cuidad-Rodrigo.

Le projet de lord Wellington, de secourir Badajoz, ayant échoué, le maréchal Soult était parti après la reddition de cette place avec son état-major, deux régimens d'infanterie et deux de cavalerie pour retourner en Andalousie, où son absence avait paru favorable à la junte de Cadix, pour diriger de nouvelles attaques contre l'armée du midi; à la première nouvelle de son retour, les partis espagnols qui se trouvaient sur divers points, s'éloignèrent, et la rentrée victorieuse du général en chef dans cette capitale, après les succès de la campagne d'Estramadure, fut des plus brillantes.

Le maréchal Mortier, qui avait été chargé des dernières opérations, se retira après l'affaire du 25 sur la rive gauche de la Guadiana; il remit le commandement du 5ᵉ corps au général Latour-Maubourg, se dirigea également sur Séville, et partit ensuite pour la France, où il était rappelé par des ordres supérieurs.

Le 5ᵉ corps ayant pris position sur la rive gauche de la Guadiana, les alliés, parfaitement instruits

de son effectif, qui ne se composait plus que
d'une brigade de cavalerie et deux petites divisions de 7 à 8 mille hommes d'infanterie, réso-
lurent de passer le fleuve, de faire une incursion
dans la Basse-Estramadure, et de bloquer Olivença
et Badajoz, avant que ces deux places pussent
être mises en état de défense; mais les deux seuls
ponts existans (de Mérida et de Badajoz) étant
en notre possession, les alliés durent songer à en
construire un sur bateaux, et ils trouvèrent dans
l'arsenal d'Elvas tous les matériaux nécessaires
pour cette construction.

Alors le général Béresfort se dirigea vers Jurumenha, qu'il considéra comme le meilleur point
pour jeter un pont, attendu qu'il serait protégé
par le canon du fort de cette ville; ce pont fut
achevé le 3 avril; mais dans la nuit une crue subite fit élever le fleuve de plus d'un mètre, et le
pont fut mis hors de service; les eaux ayant encore augmenté le 4, l'armée alliée ne commença
à passer sur des bateaux que le 5, et continua
le 6 et le 7. Dès qu'on eut la nouvelle de ce passage, le général Latour-Maubourg envoya une
reconnaissance vers Jurumenha, qu'il confia au
général Veiland; celui-ci rencontra l'ennemi près
de ce poste, et sans calculer le nombre, il l'attaqua
brusquement et le culbuta en lui faisant plusieurs
prisonniers; mais le général s'étant aperçu qu'un

fort détachement avait passé le fleuve, dans le dessein de porter du secours aux troupes repoussées, et même de lui couper sa retraite, évita prudemment de s'engager trop avant, et se replia sur Olivença; on apprit ensuite que l'ennemi avait construit une tête de pont à Jurumenha pour défendre le passage du fleuve. Dans cet état de choses le général Latour-Maubourg ne douta plus que les alliés déjà en force sur la Guadiana, n'envahissent bientôt l'Estramadure; il se hâta de pourvoir aux besoins les plus pressans de Badajoz et d'Olivença: et, le service étant à peu près organisé dans ces deux places, il dut les abandonner à leurs propres ressources, n'ayant pas de temps à perdre pour se dégager avec son petit corps d'armée, prendre une première position défensive du côté de Llerêna, et assurer ses communications avec Séville et Cordoue.

DÉFENSE D'OLIVENÇA.

Pendant que le général Béresfort suivait le 5e corps avec la majeure partie de ses forces, le général Cole, avec une division d'infanterie, investissait la place d'Olivença dans laquelle le général Latour-Maubourg n'avait laissé que 400 hommes, sous le commandement du colonel Niboyet.

L'ennemi se présenta le 8 avril devant la place, le 9 elle fut entièrement cernée, et le gouverneur fut sommé de la rendre; on lui offrit de bonnes conditions qu'il rejeta, répondant avec fermeté : *Je suis ici pour défendre la place et non pour la livrer ; si vous voulez l'avoir, prenez d'autres moyens pour vous en rendre maître.*

L'ennemi fit alors la démonstration de vouloir enlever la place par escalade; mais la bonne contenance de la garnison, qui était tout entière sur les remparts, lui fit craindre d'échouer dans une pareille entreprise, et il se décida en conséquence à en faire le siége.

Dans la nuit du 11 au 12 les Anglais commencèrent, dans le terre-plein de la lunette r3 (Pl. Ire.), que la faiblesse numérique de la garnison avait forcé d'abandonner, une batterie pour quatre pièces de 24 destinées à battre la courtine, du front 1, 9.

Le 15, à la pointe du jour, la batterie était prête à jouer : des obusiers étaient mis en position pour enfiler et prendre de revers les flancs de la courtine; mais avant de commencer le feu, le général Cole fit une seconde sommation au gouverneur, qui ne fut pas mieux accueillie que la première ; une demi - heure après les batteries tirèrent avec la plus grande vivacité ; les assiégés dépourvus d'artillerie, n'ayant que 12 mauvais canons de fer, montés sur des charrettes de paysans et cinq pièces de 4 en mauvais état, servies en grande partie par des soldats d'infanterie, ne purent répondre que très-faiblement : d'un autre côté la garnison n'étant point assez nombreuse pour tenter la moindre sortie, elle dut donc se borner à rester sur les remparts, et à y attendre le résultat d'une lutte très-inégale.

Le revêtement de la courtine 1, 9 étant très-mauvais, fut bientôt renversé dans le fossé, et vers midi la brèche était rendue rigoureusement praticable. Dans cet état de choses le gouverneur fit hisser un pavillon blanc et manifesta l'intention d'accepter les conditions offertes avant l'ouverture de la brèche; mais alors le général Cole refusa toute espèce d'accommodement, il exigea que la garnison se rendît à discrétion, et fit continuer le feu; à

deux heures la brèche était tout-à-fait praticable ;
le gouverneur se voyant sans ressource, et crai-
gnant avec raison d'être enlevé d'assaut, céda à
la force des circonstances, et se rendit sans condition. Au surplus ce brave militaire ne pouvait
faire des miracles; il fit humainement tout ce qu'il
était possible de faire pour l'honneur et la gloire
de nos armes. En lui payant ce tribut d'éloges,
nous ne pouvons nous empêcher de faire remarquer combien les Anglais durent être étonnés en
voyant sortir, de cette mauvaise place, une garnison de 370 hommes, officiers compris, auxquels
ils firent les honneurs d'une attaque en règle.
Telle fut l'issue du siége d'Olivença. Si les Français commirent la faute de conserver cette place
et d'y renfermer une faible garnison, les Anglais
en firent une plus grande encore, en s'arrêtant
pendant huit jours devant une bicoque qui n'avait
plus d'importance, et qui serait tombée d'elle-
même après la prise de Badajoz, qu'ils auraient
pu attaquer avec succès dès le commencement
d'avril, s'ils avaient eu plus d'audace et de péné-
tration.

PREMIÈRE DÉFENSE DE BADAJOZ.

Pl 3.

Avant de quitter les rives de la Guadiana, le général en chef avait nommé le général Philippon gouverneur de Badajoz, et donné des ordres pour mettre cette place promptement en état de défense. On a déjà vu que son départ avait été précipité par des mouvemens hostiles, que son absence prolongée de Séville et l'isolement de cette grande cité, avaient favorisés; mais l'activité imprimée à toutes les opérations de la campagne, et l'enthousiasme qu'il avait inspiré aux troupes, s'étaient maintenus dans celles de la garnison. Tous les corps contribuèrent donc avec un dévouement et une persévérance héroïques aux travaux qui devaient donner à la place les propriétés nécessaires pour soutenir un siége; l'artillerie et le génie plus particulièrement chargés de tous les préparatifs, donnèrent dans cette nouvelle circonstance l'exemple d'une fermeté inébranlable pour surmonter tous les obstacles, et conduire à terme une défense que tout annonçait devoir être longue et pénible.

Tandis que la majeure partie des forces du général Beresfort suivait les traces du 5ᵉ corps et faisait le siége d'Olivença, quelques détachemens observaient Badajoz : sans pourtant entreprendre l'investissement de la place, ils la cernaient au loin assez sévèrement pour l'empêcher de communiquer avec les armées, et pour lui ôter l'avantage de se procurer des vivres des villages voisins. Le gouverneur voyait avec anxiété l'état de blocus indéfini dont on le menaçait; il ne lui restait point de ressources pour se procurer des subsistances : d'un autre côté les travaux que la garnison était obligée d'exécuter, et le service extraordinaire auquel elle était forcée, pour se garantir des surprises, ne permettaient guère de diminuer les distributions de vivres; cependant il se trouva contraint, le 10 avril, de réduire d'un quart la ration de pain, et malgré cette économie, les magasins, qui n'étaient approvisionnés que pour trois mois, allaient bientôt s'épuiser.

Depuis le 12 mars on avait travaillé à raser les ouvrages d'attaque et à relever les maçonneries de la courtine 3, 4, battue en brèche par les Français. Divers autres travaux de fortifications, et particulièrement ceux entrepris au fort Pardaleras, qui n'était plus qu'un amas de décombres quand nous prîmes possession de Badajoz, avaient été poussés avec une égale promptitude, non sans de grandes difficultés, les matériaux étant devenus très-rares et le nombre de maçons insuffisant.

L'artillerie, de son côté, s'était occupée de l'ar-

mement de la place; son matériel avait été augmenté de celui de Campo-Mayor, et comptait
assez de munitions de guerre; mais le personnel
n'était point proportionné aux besoins.

Le gouverneur, qui ne négligeait rien de ce
qui était nécessaire au bien du service, avait fait
la répartition des troupes sur les remparts, pour
les mettre à l'abri d'une attaque de vive force,
et, de concert avec le commandant du génie, il
avait pourvu également aux moyens de mettre
les ouvrages extérieurs à couvert d'insultes. Instruit par ses émissaires et par les proclamations
répandues dans les campagnes, des tentatives de
l'ennemi pour tâcher de séduire la population,
il n'avait pas donné moins de soins aux arrange-
mens de sûreté intérieure, en établissant une po-
lice sévère; quelques personnes suspectées d'avoir
des intelligences avec les alliés furent éloignées,
et des mesures rigoureuses furent prises pour
empêcher de nuire à la tranquillité publique.

Les employés des administrations du 5ᵉ corps,
qui n'avaient pu suivre le quartier-général, furent réunis à ceux de Badajoz et organisés en
compagnies; le gouverneur en donna le commandement au lieutenant de gendarmerie Beaucourt,
retenu dans la place pour la guérison d'une blessure, et qui néanmoins avait voulu se rendre
utile. Ces compagnies montrèrent une noble

émulation, et concoururent ainsi que les troupes de ligne à la défense : enfin les excellentes dispositions qui furent prises pour assurer toutes les parties du service, eurent par la suite une très-heureuse influence sur la durée du siége.

Le 15 avril on entendit une très-forte canonnade dans la direction d'Olivença ; le lendemain on apprit que cette place était tombée au pouvoir de l'ennemi ; cet événement fit penser que Badajoz ne tarderait pas à être assiégé à son tour, et excita une nouvelle activité dans tous les genres de travaux. Déja Pardaleras commençait à sortir de ses ruines et à reprendre ses anciennes formes ; le palissadement de la gorge de ce fort fut aussi commencé.

Du 16 au 20 ; on continua de perfectionner les ouvrages entrepris ; des habitans qu'on avait requis et des travailleurs d'infanterie aidèrent les troupes du génie et de l'artillerie à faire les remblais et à construire des traverses sur les remparts ; les ouvriers du pays devenaient de jour en jour plus rares : la crainte d'un nouveau siége et les insinuations de l'ennemi les faisaient fuir de la ville.

Le 21 on acheva de fermer la brèche de la courtine 3, 4, à laquelle on n'avait pas cessé de travailler depuis l'entrée des Français dans la place, on termina aussi pendant cette journée le palissadement de la gorge de Pardaleras, ainsi que quelques réparations qui avaient été commencées à la lunette Picurina.

Les conséquences qui pouvaient résulter d'une brèche au corps de place avaient été pour le gouverneur et pour la garnison un véritable sujet d'inquiétude; car, si au lieu de perdre huit jours à faire le siége d'Olivença, le général Cole, avec 5 à 6 mille hommes, s'était présenté, dès la fin de mars, devant Badajoz, il n'est point douteux que cette place, qui était alors loin d'être en état de défense, et qui n'avait qu'une très-faible garnison, n'eût succombé en très-peu de temps; comment se peut-il que le général Wellington, qui était parfaitement instruit de notre situation, ait négligé une opération aussi essentielle aux intérêts des alliés. On serait tenté de croire qu'il a voulu exercer ses troupes à une espèce de simulacre de siége devant Olivença, afin de les instruire; ou peut-être n'agissait-il dans cette circonstance d'après aucun plan arrêté.

Le siége soutenu par les Espagnols, et les derniers préparatifs de défense, avaient épuisé toutes les ressources de Badajoz et de ses environs : on manquait particulièrement de bois de construction, et il n'y avait d'autre moyen de s'en procurer qu'en faisant une irruption soudaine dans la forêt la plus voisine : mais les dangers auxquels on

s'exposait en s'éloignant de la place avaient suspendu toute détermination à cet égard : ce ne fut
que d'après les pressantes sollicitations du commandant du génie que le gouverneur se détermina à organiser une expédition militaire pour
remplir cet objet. Le 22, trente voitures d'artillerie
bien attelées et escortées par quatre compagnies
de voltigeurs et trois compagnies des troupes du
génie, munis de haches, sortirent de la place
à quatre heures du matin, sous les ordres du
chef de bataillon Marquet, du 88ᵉ, et du capitaine
du génie Gillet, et se rendirent avec la plus
grande célérité dans la forêt de Fuentes-Équilla,
à deux lieues de Badajoz, pour couper et enlever
des bois propres aux différens ouvrages de défense.
Déjà les bois étaient abattus, le chargement des
voitures terminé, et le convoi était en route pour
revenir, lorsque vers une heure après midi le
guet de la ville signala l'ennemi sur la route de
Jurumenha : en effet un corps d'environ 1,500
hommes d'infanterie, précédé de 400 de cavalerie,
prit position sur les ceros del viento, et de Lebralos, enveloppant ainsi la place au sud, entre
la Guadiana et la Rivillas. Cet événement fortuit
causa d'abord les plus vives inquiétudes sur les
risques que couraient les troupes de l'expédition ;
les Anglo-Portugais venaient-ils dans l'intention
de reconnaître la place, ou se présentaient-ils pour

ortie.

en faire le siége? avaient-ils connaissance de l'expédition entreprise le matin, et venaient-ils pour barrer le chemin au convoi et s'en emparer? Voilà les questions qu'on se faisait et qu'il était impossible de résoudre; il était urgent toutefois de faire avertir le commandant Marquet du danger qui le menaçait, afin qu'il prît de suite les précautions nécessaires pour se mettre en garde, et ne pas se laisser prendre au dépourvu; l'expédient le plus sûr et le plus prompt était de faire plusieurs décharges de canon : l'artillerie reçut donc l'ordre de tirer; alors le commandant Marquet eut la sagacité de juger que l'ennemi s'était montré devant Badajoz, et quoique le convoi fût arrivé à une lieue de la ville, néanmoins il prit la résolution de l'abandonner, de réunir les chevaux du train, de former sa troupe en masse, de marcher avec diligence, et de faire une trouée pour nous rejoindre; présumant bien qu'aussitôt qu'il se montrerait, la garnison lui donnerait la main pour l'aider à rentrer : enfin vers deux heures après midi on aperçut au loin un tourbillon de poussière qui s'élevait jusqu'aux nues. Peu d'instans après on vit paraître la colonne sur le Posito-alto; alors le gouverneur, qui avait fait mettre la garnison sous les armes, fit sortir un bataillon d'infanterie, deux pièces de canon et 50 hommes de cavalerie, qui attaquèrent l'ennemi avec vivacité sur le cero-del-viento, en même temps que les troupes du convoi avançaient avec une rapidité incroyable par le chemin de Valverde, et menaçaient ses derrières. Se trouvant ainsi attaqué de front par la garnison et à dos par des troupes dont il ignorait la force, il abandonna précipitamment le cero-del-viento, laissant 1 officier et 4 soldats tués, plusieurs blessés, et 4 officiers et 38 soldats prisonniers. L'attaque fut si impétueuse que l'ennemi n'eut pas le temps de prendre la détermination de se défendre; il se replia de toutes parts et nous abandonna en toute hâte les positions qu'il venait d'occuper [1]. Notre perte fut de deux soldats tués et sept blessés; au nombre des derniers étaient un officier du 100e et un du train des équipages militaires. L'ennemi s'étant ensuite éloigné, on renvoya les chevaux escortés par des troupes qui s'échelonnèrent de distance en distance; on attela de nouveau ces chevaux aux voitures qui étaient demeurées intactes; enfin à quatre heures après midi le convoi était rentré en ville. Nos troupes montrèrent beaucoup de résolution; le commandant Marquet se distingua par la sagesse et la prompt-

---

[1] Nous apprîmes par un officier anglais, prisonnier, que cette subite apparition de l'ennemi avait eu pour objet de protéger une reconnaissance, que lord Wellington avait désiré faire en personne.

titude de ses mouvemens, dans une circonstance des plus difficiles, il fut parfaitement secondé par le capitaine Gillet et par le lieutenant d'artillerie Tortel.

Le 23 au matin, on aperçut encore sur les hauteurs éloignées différens détachemens de cavalerie et quelques feux de bivouac.

Les 24, 25, 26 et 27 se passèrent sans événemens. Les eaux de la Guadiana s'étant-élevées de plus de deux mètres, on apprit que le pont de bateaux de Jurumenha avait été emporté dans la nuit du 23, et que le maréchal Beresfort s'était trouvé pendant plusieurs jours sans communication avec le Portugal.

Le 28, on commença le palissadement du chemin couvert de Pardaleras, et l'on continua les ouvrages entrepris sur plusieurs autres points.

Depuis long-tems le commandant du génie avait eu l'intention de faire des dispositions de défense souterraine en avant des fronts 1, 2 et 3, persuadé qu'elles contribueraient à rendre la résistance très-longue et très-meurtrière, si l'ennemi, en cas de siége, choisissait l'un de ces fronts pour effectuer une principale attaque; mais il fut forcé d'employer les mineurs à des travaux plus urgens; son premier dessein avait été de faire construire une lunette en avant du bastion N° 2, et un pâté dans une île de la Guadiana,

en aval du pont ; mais, outre que le tems et
les matériaux auraient manqué pour donner
à ces deux ouvrages les propriétés désirables,
ils n'auraient guère été supérieurs à un simple
système de mine, dont le véritable état pouvait
être dérobé à l'ennemi, et qui, par cela même,
serait pour lui un sujet continuel d'inquiétudes ; enfin, l'espoir d'amener les assiégeans à
une guerre souterraine si rare dans les annales
militaires, et le désir d'utiliser les mineurs qui
étaient dans la place, le détermina à employer
ce puissant moyen de défense, de préférence à
tout autre : ainsi le 29 avril, après avoir fait faire
un approvisionnement suffisant de bois pour
châssis et planches de coffrage, il chargea le capitaine Gillet de faire pousser trois galeries principales, de la contrescarpe sous les glacis, en
capitales du bastion 2, et des deux demi-lunes
latérales, au bout desquelles galeries il serait
pratiqué des rameaux pour préparer une disposition de fourneaux, et arrêter l'ennemi à cette
distance, soit qu'il suivît la marche ordinaire des
attaques, soit qu'il s'en écartât. Ces travaux
produisirent l'effet moral qu'on devait en espérer :
on ne tarda pas à s'entretenir en ville des mines
défensives, on exagéra même si fort la perfection et l'étendue du système adopté, que les
Anglo-Portugais qui en furent instruits, n'o-

sèrent point (ils en sont convenus après) attaquer la place de ce côté.

Cependant l'incertitude où nous étions de ce qui devait arriver, et la crainte de ne pas être secourus à tems, c'est-à-dire avant d'avoir consommé les vivres, nous suggéra l'idée de miner aussi les bastions 1, 2 et 3, pour les faire sauter, si toutefois, à la suite d'un long blocus, la garnison venait à être forcée d'abandonner la place, et de se faire jour au milieu des ennemis pour rejoindre nos armées, et ne pas être réduite à capituler. Après avoir arrêté ce projet, de concert avec le gouverneur, on entreprit encore trois puits de mines en A B C (planche 3); ces nouveaux travaux s'exécutèrent en même tems que ceux des mines défensives commencées en avant de ces mêmes bastions [1].

Le 30, on vit reparaître quelques détachemens de cavalerie auxquels on donna promptement la chasse.

Les trois premiers jours de mai se passèrent sans événement remarquable; la parfaite tranquil-

[1] Le général Brenier avait fait préparer de semblables moyens de destruction aux fortifications de la place d'Almeida; son projet fut exécuté avec une grande habileté dans la soirée du 10 mai par le chef de bataillon Morlet; le résultat en fut prodigieux, il causa des transports d'admiration et de joie à l'armée française, et un vrai dépit à lord Wellington, auquel la garnison d'Almeida échappa comme par enchantement.

lité dans laquelle les alliés laissaient la garnison était très-favorable aux ouvrages de défense, et on en entreprit encore de nouveaux. Cent cinquante travailleurs furent employés à rapporter des terres dans la demi-lune du front 2, 3, pour la mettre en état d'être armée.

Les inondations autour d'une place devant toujours procurer des avantages par leur étendue ou leur profondeur, surtout lorsqu'elles peuvent être alimentées par quelque courant, on profita du ruisseau de la Rivillas pour en former une en avant des fronts 6, 7, et 8. Un nivellement préalable avait déterminé cette entreprise, et, dès le 1er avril, le commandant du génie avait fait jeter les fondemens d'un batardeau en maçonnerie sous l'arche du pont H, devant le front 7, 8, pour retenir l'inondation à une hauteur de 3 à 4 mètres [1]. Les eaux s'étant élevées jusque dans les fossés de la lunette 14, un second batardeau fut exécuté à l'extrémité de celui de gauche de cette lunette, avec un déversoir par lequel s'écoulait le trop plein de l'inondation, après avoir baigné le pied des glacis et rempli le fossé du front 7, 8; ce travail important fut confié au capitaine de sapeurs Martin qui s'en acquitta avec beaucoup d'intelligence et d'activité.

[1] On laissa une ouverture au milieu de ce batardeau pour y placer une vanne et faciliter l'écoulement en tems ordinaire.

Plus de 40 jours s'étaient déjà passés sans que l'ennemi eût fait le moindre pas qui pût nous amener à un dénouement, et cet état passif causait un sentiment d'impatience général dans toute la garnison ; enfin le 4, aux premiers rayons du jour, on vit paraître, sur la route de Talavera, une colonne de 5 à 6 mille hommes d'infanterie, suivie d'artillerie, de chevaux et de chariots ; à 9 heures, les positions de Lebralos et del-Viento furent occupées, et l'ennemi, pendant le reste de la journée, opéra l'investissement de la place sur la rive gauche de la Guadiana ; son apparition causa une grande agitation dans la ville ; le bruit du canon, et l'appareil d'un siége, alarmèrent les habitans ; les plus timides s'éloignèrent en Portugal, pour éviter l'orage qui allait fondre de nouveau sur leur malheureuse cité.

Un esprit bien différent animait nos soldats ; sans s'inquiéter du nombre des ennemis, ils demandaient tous qu'on fît une sortie pour les chasser des positions dont ils s'étaient emparés ; malheureusement la garnison avait été trop faible pour défendre ces positions et il eût été plus difficile encore de les reprendre. L'ennemi avança donc à portée de canon sans opposition, et s'empara d'un terrain qui aurait pu lui être disputé pendant plusieurs jours, si nous en avions eu les moyens ; cependant le gouverneur envoya des petits déta-

chemons en avant des ouvrages extérieurs, pour
tâcher de retarder l'ouverture de la tranchée, et
faire quelques prisonniers desquels on pût tirer
des renseignemens.

Le 5 au matin, plusieurs officiers anglais s'approchèrent de la place pour en faire la reconnaissance, mais ils furent éloignés par les avant-
postes et par le canon; le reste de la journée fut
employé à l'investissement et à la formation des
camps; quelques paysans qui étaient rentrés en
ville par le chemin d'Elvas, nous apprirent qu'un
nouveau pont avait été construit sur la Guadiana,
immédiatement au-dessous de l'embouchure de la
Caya.

La journée du 6 fut également employée, par
l'ennemi, à diverses reconnaissances et à l'établissement des camps. Vers midi un parlementaire se
présenta par la route d'Albuhera avec une lettre
adressée au gouverneur, dont copie est ci-après :

« Monsieur le général, les troupes alliées sous
« mes ordres ayant entièrement investi la place de
« Badajoz, sur la rive gauche de la Guadiana , j'ai
« l'honneur de vous annoncer que je ne saurais
« permettre à tel individu que ce soit, sans dis-
« tinction de sexe, d'âge ni de profession, de sortir
« de la susdite place pour approcher ou pour
« passer mes avant-postes à moins que ce ne soit

« un parlementaire selon les règles de la guerre ;
« en tout autre cas, mes avant-postes résisteront
« à l'approche des susdits individus, d'après les
« ordres que je viens de leur donner ce jour-ci.

« Vous voudrez bien, monsieur le général,
« faire part aux habitans de la ville de Badàjoz
« que tels sont mes ordres aux postes avancés des
« alliés ; des événemens fâcheux qui, sans cette
« précaution, pourraient arriver aux individus non
« guerriers, seront par ce moyen évités.

« J'ai l'honneur de vous saluer avec une con-
« sidération distinguée.

« *Signé* STEWART, *Major-Général.*.

RÉPONSE DU GOUVERNEUR.

« Monsieur le général, je ferai prévenir les ha-
« bitans de Badajoz des dispositions que vous
« avez prises à leur égard, pour qu'ils ne se pré-
« sentent plus aux avant-postes de votre armée :
« néanmoins, si ceux qui manquent de vivres sor-
« tent de la place, je ne m'y opposerai pas ; vous
« les recevrez comme vous voudrez, mais la per-
« mission de rentrer leur sera interdite.

« J'ai l'honneur de vous saluer, etc.

« *Signé* PHILIPPON.

Le 7, après avoir achevé ses établissemens et complété ses approvisionnemens, l'ennemi commença un retranchement sur la hauteur D.

Le 8 au matin, une nouvelle colonne de 4 à 5 mille hommes d'infanterie, et de 3 à 4 cents de cavalerie parut sur la route de Campo-Mayor, et prit position sur la hauteur E; cette colonne s'étant ensuite avancée, elle engagea une fusillade avec un détachement de la garnison qui fut contraint de se retirer après avoir disputé le terrain à l'ennemi pendant toute la matinée; dans cette affaire d'avant-poste, nous perdimes le capitaine Brassot du 88e, ainsi que trois soldats tués et sept blessés. L'ennemi essuya le feu du canon de San-Cristoval, et éprouva une perte beaucoup plus considérable.

Dans la nuit du 8 au 9, l'ennemi ouvrit la tranchée sur trois points différens, savoir sur la hauteur G, à 400 mètres du fort San-Cristoval, sur celle del-Viento H, à 1000 mètres de Pardaléras, et sur celle D, à 1200 mètres de la lunette 13, dite de Picurina. [1]. Au jour, on découvrit qu'une batterie et une parallèle avait été ébauchée devant San-Cristoval; l'artillerie de ce fort commença aussitôt un feu des plus vifs contre ces ouvrages, et

[1] Lord Wellington était retourné le 24 avril à l'armée de Portugal, et avait laissé au général Beresfort des instructions pour ouvrir la tranchée devant ces trois ouvrages.

les travailleurs qui n'étaient pas encore couverts furent obligés de s'éloigner. Deux batteries avaient pareillement été massées devant Pardaleras et Picurina, sur les lieux mêmes où les Français établirent les leurs au siége précédent : quoique ces deux derniers ouvrages se trouvassent encore plus éloignés, les travailleurs de jour n'en furent pas moins contraints de les abandonner pour se soustraire au feu de nos batteries.

Les travaux de la place, et notamment ceux de Pardaleras, furent poussés avec une grande diligence par les troupes du génie et de l'artillerie, ainsi que par 600 travailleurs d'infanterie et 200 habitans de la ville.

Dans la nuit du 9 au 10, les assiégeans reprirent les travaux des trois attaques, et la place dirigea son feu autant que possible sur les ouvriers pour retarder leurs progrès; au jour, on vit qu'ils avaient travaillé avec une grande célérité, et que déjà plusieurs embrasures étaient commencées aux trois batteries que nous avons indiquées plus haut.

Le gouverneur, voulant retarder la marche 2e sor des assiégeans et leur disputer le terrain pied à pied, résolut de faire une sortie; l'entreprise était difficile et chanceuse, non-seulement à cause de l'éloignement des ouvrages d'attaques, mais encore eu égard aux forces supérieures qu'ils pouvaient

opposer à celles de la garnison; mais l'enthousiasme était tel que toutes les troupes demandaient à aller combattre l'ennemi corps à corps;
et l'on se laisse facilement entraîner par de si beaux
mouvemens.

Ainsi le 10, avant le jour, 700 hommes d'infanterie, 120 sapeurs et 50 cavaliers, s'établirent dans
la tête du pont et dans les fossés de San-Cristoval,
de manière à dérober à l'ennemi les apprêts d'une
vigoureuse sortie. A 7 heures, ces troupes, réunies
sous le commandement du chef de bataillon Marquet, débouchèrent des chemins couverts de ces
deux forts, et se portèrent avec un élan décisif
sur la batterie G, et sur la parallèle J. Après en
avoir chassé les travailleurs et les gardes de tranchée (au nombre de 1000), les sapeurs dirigés
par les capitaines Gillet et Martin, entreprirent
la démolition des ouvrages; déjà le travail était
avancé, on avait renversé les gabions de la
batterie, et comblé quelques parties de la parallèle, lorsque l'ennemi qui réunit bientôt toutes
ses forces nous attaqua à son tour avec beaucoup
d'audace; l'extrême disproportion qui s'établit
alors entre les combattans aurait dû décider le
commandant Marquet à se retirer, mais, ne con-
sultant que son courage, il voulut garder la position; et nos troupes très-inférieures à celles
de l'ennemi ne purent soutenir le choc, et

furent obligées de céder le terrain avec précipitation; leur retraite se fit en désordre, et elles éprouvèrent une perte de 18 hommes tués et 110 blessés. Le capitaine Durand, du 34e, se trouva du nombre des morts et fut vivement regretté; le chef d'escadron Lepage, le capitaine Wallarc et le lieutenant Durand (frère du capitaine), furent blessés.

Les pertes des assiégeans furent bien plus considérables que les nôtres; les colonnes d'attaques essuyèrent d'abord un feu très-meurtrier de mousqueterie, ensuite elles souffrirent beaucoup de celui de l'artillerie de San-Cristoval et du château, sous lequel les officiers anglais, qui s'étaient laissés emporter avec trop d'impétuosité, eurent la maladresse de retenir leurs soldats pendant plusieurs minutes, ce qui leur occasiona une perte de plus de 400 hommes [1].

Cette sortie, bien qu'elle ne remplit pas tout-à-fait le but qu'on s'était proposé, fut cependant glorieuse pour les troupes qui y participèrent. Néanmoins on ne jugea plus à propos d'en faire de nouvelles sur ce point, attendu que les avantages qui pouvaient en résulter ne seraient jamais en rapport avec les dommages irréparables que nous pouvions éprouver, en exposant de faibles déta-

[1] Journal des siéges en Espagne, par M. John T. Jones, pag. 52.

chemens à une aussi grande distance, contre des forces toujours quintuples de celles qu'il nous était possible de réunir. En effet, le gouverneur perdait plus par la mort de quelques hommes de la garnison, que les alliés par celle de plusieurs centaines des leurs, et cette détermination était conforme aux principes de défense. Toute nouvelle sortie étant ajournée, l'ennemi n'eut plus à redouter que le feu de nos batteries, qui continua à être des plus vifs. On usa amplement de ce moyen, et une nouvelle batterie de six pièces de 24 fut établie avec la plus grande promptitude dans le château, en K.

Dans la nuit du 10 au 11, les assiégeans réparèrent les dégâts faits aux batteries D, G, H, par la sortie et par le feu de notre artillerie; en outre, ils entreprirent une quatrième batterie en L, à 600 mètres de la tête de pont pour enfiler le pont de la Gaudiana et s'opposer aux sorties; on vit au jour que plus de 1000 travailleurs étaient employés à ces différens ouvrages.

Le 11 à quatre heures du matin, la batterie G, armée de trois pièces de 24 et de deux obusiers de 8, commença un feu très-vif contre le revêtement de la face droite du bastion M, de San-Cristoval, et contre le flanc droit de ce bastion; mais l'artillerie de ce fort riposta aussitôt avec cinq pièces de 12 et la batterie K, du château, avec quatre pièces de 24, de manière qu'au bout de quelques heures la batterie G fut complètement réduite au silence.

La batterie D avait aussi commencé à tirer dès le matin avec deux pièces de 24 contre la lu-nette 13, et elle continua son feu jusque vers le soir sans faire le moindre mal à cet ouvrage : presque tous les boulets passaient par-dessus et tombaient dans la ville, plusieurs bourgeois en furent victimes ; l'artillerie de la lunette riposta avec des pièces de 12 et le bastion 7 avec des pièces de 24 ; mais comme cette batterie était à plus de 1200 mètres du corps de place, notre feu ne produisit guère d'effet.

Les assiégeans avaient mis moins d'activité aux travaux de la batterie H ; mais, d'un autre côté, ils avaient poussé un boyau d'environ 600 mètres en avant de cette batterie ; au jour, le feu de la place obligea les travailleurs à se retirer.

Les travaux de Pardaleras, les batardeaux, les batteries et les mines défensives, se continuèrent sans interruption ; on avait également travaillé à la demi-lune du front 2, 3, qu'on avait le dessein d'armer ; mais comme les assiégeans n'annonçaient point l'intention d'attaquer la place de ce côté et que nous aurions manqué de tems pour l'achever, ce travail fut suspendu. Cent cinquante hommes qui y étaient employés journellement

furent occupés, dans le bastion 2, à élever une
grande traverse pour le défiler des feux de la batterie L; en outre l'artillerie construisit une batterie
en N, et y plaça trois pièces de 24.

Peu satisfait des résultats de la journé du 11,
l'ennemi jugea à propos, dans la nuit qui suivit,
de donner plus d'extension à la batterie G et de
l'augmenter de trois pièces de 16; au jour cette
batterie recommença le feu avec aussi peu de
succès que la veille; elle cessa ensuite de tirer et
les embrasures furent masquées avec des gabions.
Les deux autres attaques avaient également été
continuées, et le feu de la place se dirigea sur ces
points sans interruption.

La batterie L, à peine achevée, voulut faire
un essai; elle tira une vingtaine de coups de canon
sur le pont; mais les pièces de 24 du bastion
n° 1 et celles de la batterie N lui firent bientôt
éprouver le sort de la batterie G, et il n'en fut
plus question.

Le 12 à midi, un second parlementaire se présenta devant la lunette 13, et demanda à entrer
dans la place pour remettre une dépêche adressée
au gouverneur. Après les précautions d'usage, il
fut introduit et remit l'intimation suivante.

« Monsieur, la coutume dans de pareilles cir-
« constances, et peut-être vous croirez que j'ai déjà

« tardé, me fait vous demander la reddition de Ba-
« dajoz sous des termes honorables pour vous et
« pour votre garnison ; je n'ai pas voulu vous faire
« cette demande plus tôt ou avant que je fusse prêt
« avec tous mes moyens de vous attaquer d'une
« manière que ni vos moyens, que je connais fort
« bien, ni votre garnison ne pourront vous faire
« espérer de tenir deux fois quarante huit heu-
« res; jusqu'à présent nous n'avons fait que cou-
« vrir le rassemblement de nos moyens, ils sont
« tout prêts, et avant de procéder plus loin, l'hu-
« manité et les considérations ordinaires m'obligent
« de vous sommer; et je suis cet usage d'autant
« plus volontiers que vous devez être pleinement
« assuré de l'impossibilité d'être secouru, ayant
« forcé les troupes françaises de se réfugier au-
« delà de la Sierra-Moréna, et vous ne pouvez pas
« ignorer les derniers malheurs du maréchal
« Masséna.

« Mon objet principal est d'épargner les mal-
« heureux habitans d'une ville qui a déjà tant
« souffert, et aussi l'effusion du sang qui pourra
« couler sans objet ou utilité; et vous, monsieur
« le gouverneur, devez vous en croire responsable,
« si vous continuez une défense inutile; et sans
« vouloir faire aucune menace à un brave homme,
« il n'est que juste de vous dire que sous de telles
« circonstances si vous êtes la cause de la perte

« de mes soldats pour laquelle la perte que vous
« aurez ne me sera d'aucune consolation, je ne
« puis plus vous accorder les termes que je vous
« offre à présent.

« *Signé* LE MARÉCHAL BERESFORT.

RÉPONSE.

« Monsieur, je suis comme vous très-sensible à
« l'effusion du sang, mais la défense de Badajoz
« m'ayant été confiée, l'honneur m'oblige d'op-
« poser à vos troupes toute la résistance possible.

« Le gouverneur de Badajoz.

« *Signé* PHILIPPON. »

Comment un général qui aime la gloire a-t-il
pu se faire illusion au point de penser, qu'après
d'aussi minces résultats que ceux que les assiégeans avaient obtenus pendant les journées du
10 et du 11, un homme d'honneur pût se laisser circonvenir par le langage de la flatterie
et de la menace? Parler de capitulation et impo-
ser des loix lorsqu'on ne peut soumettre son ennemi, est une fanfaronnade. La réponse du gouverneur et les événemens qui succédèrent, lui
apprirent du moins qu'une garnison française,

quand elle ne renferme pas des traîtres, ne se rend pas, sans que les lois de la guerre ne justifient pleinement sa reddition!

Nous ne parlerons pas de l'effet que produisit cette sommation singulière, le lecteur en jugera par le dénouement du siége; mais laissons un ton étranger à notre sujet.

Un peu avant la chute du jour, une multitude de tirailleurs se répandit audacieusement autour de la place et s'approcha assez près de Pardaleras et de Picurina, pour contraindre nos avant-postes à se replier dans les chemins couverts; dans l'instant plusieurs volées de canon à mitraille, tirées de ces deux ouvrages, mirent fin à une agression irréfléchie qui avait sans doute pour but de menacer la garnison d'une attaque de vive force, mais qui ne pouvait se faire sans qu'il en coûtât beaucoup de monde à l'assiégeant, et sans risquer de perdre peut-être fort inutilement l'élite de son infanterie.

Dans ces entrefaites, il se manifesta quelque fermentation dans la ville, les alliés avaient depuis long-temps mis tout en œuvre pour gagner les habitans et les exciter à la révolte, mais tout ce qu'ils firent à cet égard fût sans succès. Le gouverneur renouvela la défense d'avoir aucun commerce avec les assiégeans sous peine de la vie, et cette défense fit d'autant plus d'impression sur l'esprit des habitans, que déjà plusieurs d'entre eux avaient été arrêtés pour avoir été soupçonnés de les servir.

L'ennemi avait continué l'attaque de Pardaleras pendant la nuit du 12 au 13, et avait poussé un nouveau boyau de cheminement à peu près sur la capitale de cet ouvrage : le feu de la place fut très-vif et parut lui faire beaucoup de mal.

Dans cette même nuit, environ 1500 travailleurs commencèrent, à 800 mètres des fronts 8, 9, une parallèle qui s'étendait depuis la route de Talavera jusqu'à la Guadiana, mais ce travail fut subitement interrompu; le général Béresfort ayant été informé de l'arrivée d'une armée de secours à Llerena, donna l'ordre de lever le siége, de transporter le matériel à Elvas, et de brûler tout celui qu'on ne pourrait enlever.

Le 13, tout était en mouvement dans le camp ennemi; les batteries cessèrent de tirer et les embrasures furent masquées; dans la matinée, on vit arriver un nouveau corps de troupe de 5 à 6 mille hommes, qui prit position derrière la hauteur (D); ce corps était suivi d'un grand nombre de voitures qui marchaient avec précipitation; la cause de tous ces mouvemens était absolument inconnue, et mettait le gouverneur et la garnison dans une étrange perplexité sur l'avenir.

Vers les 5 heures du soir, une nuée de tirailleurs

se répandit encore autour de la place, comme
pour la menacer d'une attaque de vive force; les
troupes qui occupaient les chemins couverts firent un feu très-vif et l'artillerie tira à mitraille,
de sorte que cette nouvelle agression, qui n'annonçait que le dépit d'un ennemi qui s'agitait en
vain dans son impuissance, n'inquiéta nullement
la garnison; l'entreprise n'ayant pas eu le succès
qu'il s'était flatté d'en obtenir, il prit enfin le
parti de s'éloigner.

Le 14, il y eut encore beaucoup de mouvemens
dans les camps des alliés; mais le silence des batteries et la disparition de plusieurs corps d'infanterie faisaient assez comprendre que la levée du
siége était décidée, en outre les nouvelles qui se
répandaient en ville, la consternation et l'abattement des principaux habitans, qui nous étaient
contraires, achevaient encore de nous fortifier
dans cette opinion. Vers le soir, un régiment espagnol vint prendre position sur le Cero del Viento,
et remplaça un corps anglo-portugais qui s'éloigna par la route d'Olivença.

Le 15 au matin, les assiégeans avaient retiré
toute leur artillerie, quelques troupes seulement
occupaient encore les principaux points d'attaques; néanmoins, comme il n'était arrivé aucune
nouvelle de l'extérieur, tout ce qui se passait sous
nos yeux était toujours enveloppé de mystère;

pour faire cesser cet état de choses, le gouverneur résolut de faire une sortie afin de reconnaître les forces de l'ennemi, tâcher de faire quelques prisonniers desquels on pût tirer des renseignemens sur la situation des armées belligérantes, et détruire en même temps les ouvrages d'attaques.

sortie. En conséquence, 4 compagnies d'infanterie, 50 chevaux, 2 pièces de canon et 100 hommes des troupes du génie, sous le commandement du chef de bataillon Marquet et du capitaine Gillet, sortirent à midi par la porte de la Trinidad, et s'avancèrent jusqu'à la batterie (D), d'où ils débusquèrent les gardes de tranchées. La cavalerie sous les ordres du capitaine Sommerrogel, qui avait été dirigée par la route de Talavera, rencontra un poste de Portugais sur lequel elle s'élança avec impétuosité, le défit entièrement, lui enleva 2 officiers et 7 soldats qu'elle ramena prisonniers, pendant que la colonne qui s'était emparée de la batterie (D), la démolissait complètement et rapportait en ville les matériaux que l'ennemi avait été forcé d'y abandonner. Après deux heures de travaux qui suffirent pour détruire la batterie, l'ennemi réunit environ 1200 hommes et se disposa à nous attaquer; mais comme le gouverneur avait accompli ses desseins, il fit replier nos troupes derrière la lunette (13), et n'éprouva d'autre perte dans cette sortie que celle de 4 hommes blessés.

Le capitaine Sommerrogel et le maréchal de logis Schoen, du 2ᵉ de hussards, se distinguèrent particulièrement. L'ennemi éprouva une perte de plus de 50 hommes, sabrés par la cavalerie.

On apprit des prisonniers que l'armée française du midi s'approchait de la place et que les alliés se préparaient à une bataille.

Le 16, il ne restait plus d'ennemis devant la place, mais nous étions toujours dans la même incertitude sur les événemens, aucunes nouvelles certaines ne nous étaient parvenues ; cependant il était urgent de profiter de cet instant de répit pour détruire les ouvrages des assiégeans, et dès que le jour eut paru, toutes les troupes disponibles, suivies de 200 bourgeois et de tous les moyens de transports qu'on avait pu réunir, y étaient accourus avec une ardeur extrême.

Tandis que la garnison s'efforçait ainsi de remplir dignement la tâche qui lui était imposée, une bataille se livrait à Albuhera, non loin des murs de la place, sans qu'elle en eût le moindre indice; le bruit de 80 pièces de canon et de 60,000 combattans, détourné par un vent de nord-ouest, ne fut nullement entendu à Badajoz; un silence profond avait succédé au tumulte du siége, et les troupes occupées à la destruction des tranchées, attendaient avec patience un dénonement favorable à leurs vœux.

La bataille d'Albuhera fut peut-être l'action la plus sanglante de la guerre de la péninsule, où 22,000 français, commandés par le maréchal Soult, soutinrent les efforts de 38,000 coalisés ; les pertes furent considérables des deux côtés, elles s'élevèrent à plus de 14,000 hommes ; la possession du champ de bataille fut l'unique avantage que les alliés retirèrent d'un choc dont la plus grande violence né dura guère plus de deux heures et demie, et que les Anglais, avec leur éternelle présomption, qualifièrent de victoire éclatante. Les événemens qui suivirent prouvèrent combien les résultats de cette prétendue victoire leur furent désastreux ; en effet l'agression avait eu pour but de faire lever le siége de Badajoz, afin de donner le temps à l'armée de Portugal de se réunir à celle du midi, pour les chasser de l'Estramadure ; ce but ayant été atteint, il est évident que cette bataille, qui coûta si cher à l'humanité, ne fut avantageuse qu'aux Français. Nous ne nous arrêterons pas à en rapporter les détails, le cadre que nous avons adopté ne nous le permet point ; d'ailleurs la relation en a été faite avec beaucoup de clarté et de précision par le capitaine d'artillerie Lapeine, témoin oculaire [1].

Les journées du 17 et 18 mai furent encore

---

[1] Conquète de l'Andalousie en 1810 et 1811, page 150, 1 vol. in-8°.

employées à démolir les lignes des assiégeans, et ces travaux furent poussés avec une telle diligence, que le 19 au matin il ne restait plus de traces d'aucune espèce d'ouvrage d'attaque.

Ainsi finit ce siége, entrepris avec des forces suffisantes, mais mal dirigées, et qui n'aurait vraisemblablement eu que des résultats infructueux, quand même les alliés n'auraient point été contraints de le lever, pour faire face au maréchal Soult.

SECONDE DÉFENSE DE BADAJOZ.

Le lendemain de la bataille d'Albuhera, l'armée française prit position sur sa ligne primitive; les alliés prirent aussi les armes, sans qu'aucune disposition indiquât un mouvement offensif; les deux armées passèrent une grande partie de la journée à s'observer. L'inaction de l'ennemi prouvait assez les pertes excessives qu'il avait essuyées dans le combat de la veille. Une nouvelle agression de la part des Français eût été intempestive; la levée du siège de Badajoz ayant été l'unique but de leurs efforts, tout annonçait qu'ils y avaient touché momentanément; ainsi le dessein de tenter encore le sort des armes n'était plus nécessaire, à moins que l'ennemi ne prît lui-même cette détermination.

Après vingt-quatre heures d'une tranquillité absolue, dans les mêmes positions que le 16 au soir, l'armée française prend les armes, fait un mouvement sur la droite de sa ligne; les alliés s'attendent à être attaqués et cette idée les détermine à renforcer leur gauche, mais le général en chef, satisfait d'en avoir imposé à l'ennemi, commence sa retraite avec calme et lenteur, dans un ordre parfait, emmenant mille prisonniers pris dans l'action par la cavalerie du général Latour-Maubourg, mais laissant beaucoup de blessés sur le sol de l'ambulance, hors d'état d'être transportés, et recommandés aux généraux anglais, qui justifièrent pleinement notre confiance dans leur humanité.

Ainsi le maréchal Soult, avec une armée inférieure en nombre, après de grandes pertes, ne laissa pas de paraître encore agir avec supériorité sur les ennemis par les ressources qu'il trouva dans son génie.

Llerena, situé à 15 lieues de Badajoz, dans le voisinage des montagnes, lui parut le point le plus favorable pour observer les mouvemens des alliés, et lutter avec avantage en attendant, des renforts; il s'y dirigea à petites journées; l'ennemi suivit ses traces, sans qu'aucun événement remarquable signalât cette retraite. La présence de l'armée sur ce point était d'ailleurs nécessaire pour dissiper un corps nombreux de partisans espagnols, qui paraissait vouloir se jeter sur ses derrières, pour couper les communications avec l'Andalousie, d'où elle tirait ses vivres et ses munitions.

Bien que la levée du siége de Badajoz eût flatté la garnison d'une entière délivrance, elle n'en resta pas moins bloquée au loin; la communication sur la rive droite de la Guadiana, fut seule libre pendant quelques jours, sans pourtant qu'il n'arrivât rien en ville, excepté dix charges de vin que des Espagnols y introduisirent; néanmoins les travaux de défense se continuèrent avec la même activité, par les troupes d'artillerie et du génie, et par 450 travailleurs.

Le 20 mai au matin, les alliés reparurent en force devant la place pour recommencer le siége; ils débouchèrent par les routes d'Albuhera et d'Olivença, rétablirent l'investissement et leurs campemens de la même manière qu'au siége précédent.

Le 21, ils continuèrent leurs préparatifs; vers onze heures du matin, un parlementaire anglais se présenta avec une sommation du maréchal Béresfort, adressée au général Philippon, dont voici la teneur.

« Monsieur le général, vous ne pouvez pas
« ignorer la bataille qui a eu lieu entre l'armée
« sous les ordres du maréchal Soult et la mienne;
« ayant eu lieu à Albuhera, vous aurez sans doute
« entendu le feu. La bataille a été sanglante, et
« nous avons assurément à Albuhera plus de 800
« de vos blessés[1]; j'ai fait tout mon pouvoir pour

---

[1] Il y a erreur dans ce compte, on ne laissa pas plus de 300 blessés hors d'état d'être transportés.

« les secourir, mais monsieur le général, je n'ai
« pas les moyens, et j'ai été obligé de faire trans-
« porter nos blessés aux bras de leurs camarades
« de l'autre côté de la Guadiana; l'humanité donc
« me dicte de vous demander quel secours vous
« pouvez donner à ces malheureux, ils manquent
« de tout, mais principalement d'officiers de
« santé, de médicamens et tout ce qui appartient
« à la chirurgie; si vous voulez m'envoyer de
« l'assistance, je leur donnerai sauf-conduit en
« donnant leur parole de ne pas en abuser ou
« de tenter d'aucune manière autre chose que ce
« qui concerne le traitement de vos blessés et
« ces messieurs, et tout ce que vous enverrez de
« transport suivront finalement le sort de vous et
« de votre garnison. Nous n'avons ni transport
« ni habillement, ni enfin rien à administrer à
« ces pauvres hommes qui ont confort à votre
« cause : il manque au moins 20 officiers de santé,
« c'est à vous de juger quelle assistance vous
« pouvez leur donner; je fais mon devoir à l'hu-
« manité en vous en offrant l'occasion.

   « Ils auront besoin et d'habillemens et de cou-
« vertures, enfin de tout; nous en avons trans-
« porté autant que nous avons pu de l'autre côté
« de la Guadiana.

Signé, LE MARÉCHAL BÉRESFORT.

RÉPONSE DU GOUVERNEUR.

« Monsieur le maréchal, je suis très-sensible à
« l'intérêt que vous voulez bien prendre au sort
« de nos blessés, et je suis en même temps bien
« fâché de ne pouvoir leur envoyer les secours
« que vous réclamez en leur faveur.

« La raison est que je n'ai aucun moyen de
« transport, et qu'il n'a été laissé à ma disposi-
« tion que le nombre de chirurgiens nécessaires
« au service de cette place; si j'étais en campagne,
« je me priverais du peu de ressources que j'ai,
« dans l'espérance de trouver assistance ailleurs;
« mais cette circonstance, quelque malheureuse
« qu'elle soit, ne peut obtenir, malgré ma bonne
« volonté, aucun remède de ma part.

« Le gouverneur de Badajoz,

« *Signé*, Philippon. »

Les 22, 23 et 24 se passèrent dans une parfaite tranquillité, l'ennemi paraissant n'avoir
d'autre dessein que d'observer la place; on profita de ce temps de repos pour accélérer les travaux de défense; outre ceux dont nous avons
parlé plus haut, cent hommes d'infanterie étaient
occupés à former une large et profonde cunette

au pied du revêtement du bastion 2, pour augmenter les difficultés de l'escalade.

Le 25 à midi, un nouveau corps sous le commandement du général Houston, investit la place sur la rive droite; les postes extérieurs de la garnison s'étant retirés dans les chemins couverts du fort San Cristoval, l'investissement s'opéra sur cette rive sans résistance.

Le palissadement exécuté à Pardaleras, au siége précédent, pour fermer provisoirement la gorge de cet ouvrage, ayant paru insuffisant, le commandant du génie le fit remplacer par un mur crénelé de six mètres de hauteur. Vingt maçons et trente manœuvres occupés précédemment à d'autres travaux y furent employés; en outre, cinquante ouvriers bourgeois et cent militaires furent chargés de faire une cunette au pied du revêtement du bastion n° 1.

Le 26, quarante maçons, militaires et bourgeois, continuèrent le mur crénelé de Pardaleras; les autres travaux de défense se poussèrent avec une égale activité.

Le 27, à quatre heures du matin, 400 hommes d'infanterie, 50 de cavalerie, et 2 pièces de quatre sortirent de la place par la tête de pont, pour reconnaître l'ennemi; on remarqua beaucoup de mouvement dans les camps et l'établissement de plusieurs postes; mais quelque nombreux que pût être le corps investissant sur cette rive, il ne fit aucune démonstration pour repousser le faible détachement qui était sorti : toutefois le gouverneur ne jugea pas à propos de l'éloigner hors la portée du canon de San Cristoval, et l'on se borna à profiter de cette circonstance pour faire enlever quelques fourrages; les troupes ne rentrèrent dans la place qu'à neuf heures.

Vers dix heures, un troisième corps d'infanterie, commandé par le général Hamilton, fut aperçu sur la route de Campo-Mayor; à midi, il s'avança auprès de la Guadiana, et les eaux étant très-basses, il passa le fleuve au gué de Crispita à trois quarts de lieue en avant de Badajoz; il joignit ensuite le corps investissant de la rive gauche. Dans le même temps, un convoi de charrettes, chargées de fascines et de gabions, arriva par la route d'Olivença, et fut parquer derrière le Cero del Viento.

sortie.   On fit une seconde sortie, par la même porte, le 29 à six heures du matin, dans le but de faire fourrager la cavalerie; l'ennemi se contenta de nous observer à une très-grande distance; vers neuf heures, au moment où nos troupes se mettaient en mouvement pour rentrer en ville, les tirailleurs échangèrent quelques coups de fusils sans éprouver de perte.

Le soir, on apprit qu'un pont avait été jeté sur la Guadiana de la même manière qu'au siége précédent, et que plusieurs convois d'artillerie et de munitions destinés à de nouvelles attaques contre Badajoz étaient sortis de l'arsenal d'Elvas.

Dans la nuit du 29, on entendit travailler sur le Cero del Viento; le 30, à la pointe du jour, on vit que l'ennemi avait ouvert la tranchée et commencé à masser une batterie en (a), sur le même terrain et suivant le tracé des ouvrages du premier siége; les terres ayant été remuées récemment, le travail avança très-rapidement et les ouvriers étaient couverts avant le jour; néanmoins à quatre heures du matin l'artillerie de la place commença à tirer sur cette attaque et continua toute la journée un feu très-vif; les travailleurs et les gardes de tranchée, qu'on évaluait à trois mille, souffrirent beaucoup, mais n'en continuèrent pas moins leurs travaux [1].

Dans la nuit du 30 au 31, l'ennemi entreprit

[1], Au 30 mai, l'armée assiégeante, non compris le corps d'observation qui occupait la basse Estramadure, était composée de divisions anglaises et portugaises, formant ensemble 12 mille hommes d'infanterie, auxquels étaient attachés plusieurs escadrons de cavalerie, un matériel de 47 bouches à feu de gros calibre, bien approvisionné, un personnel nombreux d'artillerie et 20 officiers de génie. Cet aperçu des forces assiégeantes mettra le lecteur à même d'établir un parallèle entre les opérations du duc de Dalmatie devant cette place, et celle de Lord Wellington.

simultanément deux nouvelles attaques, l'une devant le château entre la Guadiana et la route de Talavera, et l'autre devant le fort San Cristoval.

A l'attaque du château, 1500 travailleurs ouvrirent une parallèle en (*bb*) d'environ 800 mètres de longueur avec une communication en arrière tracée en zig-zag.

Le 31 à la pointe du jour, toutes les batteries de la place qu'on put diriger contre ces attaques tirèrent vivement; les travailleurs et les gardes de tranchées eurent beaucoup à souffrir de notre feu, ce qui ne les empêcha pas cependant de poursuivre leurs travaux sans interruption. Dans la matinée, soixante voltigeurs, ayant à leur tête le lieutenant Machef du 100ᵉ, sortirent de la place pour repousser des tirailleurs ennemis qui s'étaient répandus en avant de la parallèle; il s'engagea alors une fusillade à la suite de laquelle ces tirailleurs furent forcés de s'éloigner, laissant quelques tués et un prisonnier : de notre côté, nous eûmes trois hommes tués et deux blessés.

Vers le soir, il arriva un déserteur anglais de qui l'on ne put obtenir aucuns renseignemens sur les dispositions des assiégeans; il nous annonça seulement que lord Wellington était arrivé devant la place avec de nouveaux renforts; ce déserteur ayant inspiré quelque méfiance, on le mit au secret.

La tranchée devant le fort San Cristoval, fut entreprise par 12 à 1300 travailleurs; une première batterie fut massée en (c), pour battre l'escarpe du flanc (d) et enfiler les ouvrages du château; une seconde en (e), pour battre la face droite du bastion (f); enfin une troisième batterie fut commencée en (g), pour enfiler le pont de la Guadiana, empêcher les communications entre la ville et les forts, et s'opposer aux sorties; ces trois batteries furent liées plus tard par une ligne de contrevallation de plus de 1200 mètres de développement. Ces travaux furent connus des assiégés au moment qu'ils furent entrepris, et l'artillerie de San Cristoval tira toute la nuit sur les travailleurs.

L'attaque del Cero del Viento, commencée dans la nuit du 29 au 30, avait été continuée jusqu'à ce moment avec une extrême activité; quatre embrâsures étaient déjà formées à la batterie (a), mais on s'aperçut dans la matinée que cette attaque était abandonnée.

Les travaux de défense furent poursuivis comme les jours précédens; on s'occupa aussi à palissader les chemins couverts de Pardaleras, en employant les palissades qui provenaient de la gorge de cet ouvrage.

Les assiégeans ayant cessé de travailler à l'attaque del Cero del Viento, et redoublé d'acti-

vité aux deux autres, on dut penser dès-lors
que leur dessein était de diriger tous leurs
efforts contre le château, dont les murailles
étaient entièrement à découvert et d'une appa-
rence peu solide; dans cette opinion nous fîmes
entreprendre de suite un retranchement en arrière de l'enceinte menacée, en (h), pour défendre
toutes les brèches qui pourraient y être faites;
50 sapeurs et 75 ouvriers bourgeois furent employés à ce travail [1].

La lunette (14), étant située assez avantageusement pour prendre de revers l'attaque du château, on plaça quatre pièces de 12 au flanc droit
de cet ouvrage; 20 mineurs, 10 sapeurs et 10
ouvriers bourgeois furent cédés à l'artillerie
pour l'aider à former promptement les plates-
formes et les embrâsures.

Le 1er juin, on continua le retranchement du
château avec 50 sapeurs et 60 ouvriers bourgeois;
on entreprit ensuite un cavalier en (i) pour 5
pièces de 24; et une traverse dans la tête de
pont pour couvrir l'entrée de cet ouvrage.

On termina à la fin de la journée le mur cre-
nelé de la gorge de Pardaleras; mais ce fort, depuis que l'attaque del Cero del Viento était

---

[1] Le retranchement (h) fut tracé de manière à être défilé des batteries de la rive droite et même du fort San-Cristoval.

abandonnée, n'était plus appelé à jouer un rôle important dans la défense.

Les assiégeans avaient perfectionné leur parallèle; 15 à 1600 hommes paraissaient y être toujours employés; on s'aperçut bientôt qu'ils avaient commencé une batterie en (*k*), à 700 mètres environ du mur d'enceinte du château. L'artillerie continua de tirer vivement sur cette attaque, mais malgré les pertes nombreuses qu'é-prouvaient les travailleurs, ils ne se rebutèrent point, et poursuivirent leur opération en plein jour, sans interruption.

L'attaque contre San Cristoval et contre la tête de pont, fut poussée avec la même vigueur par 1200 hommes.

Deux déserteurs se présentèrent le matin à nos avant-postes, ils étaient Français et avaient été faits prisonniers dans le royaume de Naples; la misère et les mauvais traitemens qu'on leur avait fait essuyer les avaient forcés à prendre du service chez les anglais; ils nous confirmèrent l'arrivée de lord Wellington devant la place, et ajoutèrent que le bruit courait dans les camps que le siége de Cadix était levé.

Le 2 juin, 100 sapeurs, 150 fantassins et 100 ouvriers de la ville furent employés au retranchement (*h*) et au cavalier du château; les autres travaux de défense se poursuivirent en même temps par 400 travailleurs de toute arme, répartis sur divers points, notamment à San Cristoval et à la tête de pont.

Les assiégans de leur côté poussaient les travaux avec une extrême activité: plus de 2000 travailleurs y étaient occupés. L'artillerie de la place continua de tirer, et l'on apprit par un nouveau déserteur que les tranchées étaient souvent jonchées de morts.

Dans la nuit ils poursuivirent leurs ouvrages, et le 3 au matin, on découvrit vingt embrâsures à la batterie (*k*), dix à la batterie (*c*), quatre à la batterie (*e*) et six à la batterie (*g*); vers dix heures du matin, toutes ces batteries commencèrent à tirer contre le revêtement de l'enceinte du château, et contre ceux de San Cristoval; quoique le feu de ces batteries ne fût pas des plus vifs, la muraille du château contre laquelle la batterie (*k*) tira le reste de la journée, avec quatorze pièces de 24, éprouva de fortes dégradations, et des éboulemens considérables sur une longueur d'environ quinze mètres; le soir 40 sapeurs et 100 hommes d'infanterie, dirigés par le capitaine Coste, furent chargés d'enlever les décombres au pied de la muraille; l'ennemi tira sur ces travailleurs et sur le château avec quatre obusiers; mais l'obscurité ne permit point d'ajuster les coups, car nous n'eûmes que trois hommes légèrement blessés.

Le feu de l'ennemi chassa tous les ouvriers espagnols qu'on avait forcés jusqu'alors, avec beaucoup de peine, à travailler aux ouvrages de défense; il ne fut plus possible d'en avoir aucun ; comme la garnison était très-faible et qu'il eût été impolitique d'irriter les habitans, le gouverneur ne jugea plus à propos de les faire requérir.

Malgré toute l'activité que les troupes de l'artillerie et du génie avaient mise à la construction du cavalier du château, elles n'avaient pu l'achever dans cette journée, et l'on n'opposa que six pièces de 24 et quatre mortiers à l'attaque de San Cristoval; néanmoins plusieurs pièces des batteries (c, e) avaient été démontées.

Les assiégeans s'aperçurent un peu tard que la batterie (k) était trop éloignée du château, pour faire promptement une brèche à son enceinte, et voulant réparer cette faute, ils poussèrent, dans la nuit du 3 au 4, un boyau d'environ cent mètres de longueur à droite de la parallèle pour se rapprocher; ensuite ils entreprirent en (l) une nouvelle batterie de sept pièces de 24 à laquelle ils travaillèrent avec une extrême diligence.

Le feu des quatre batteries (k, c, e, g), armées ensemble de 40 pièces de gros calibre, recommença le 4 au matin avec plus de vigueur que la veille; le revêtement de la face droite du bastion (*f*) et celui du flanc (*d*) qui étaient découverts jusqu'au pied, furent fortement ébranlés. La batterie (*k*) tira également sur le château; le revêtement qui avait été entamé la veille tomba en grande partie, mais les terres qui étaient derrière étaient tellement compactes, qu'elle formèrent une nouvelle escarpe après la chûte des maçonneries, en sorte que l'accès de la brèche était impraticable [1].

On employa pendant cette journée 500 travailleurs, aux travaux de défense.

Dans la nuit du 4 au 5, 50 sapeurs dirigés par le sergent-major Vallon, allèrent de nouveau déblayer les décombres au pied du mur du château ; 300 hommes de toutes armes travaillèrent en même temps au retranchement intérieur; la marche rapide des assiégeans rendait cet ouvrage indispensable pour la défense de la brèche. L'artillerie acheva l'armement du cavalier (*i*) et cinquante mineurs, à la tête desquels était le sergent-major Périmoni, déblayèrent les décombres amoncelés au pied des escarpes des ouvrages de San Cristoval.

Pour remédier à la faiblesse numérique des canonniers, le gouverneur mit 50 sapeurs à la disposition du commandant de l'artillerie, tant

[1] Voyez le profil AB planche III,

pour le service des pièces que pour celui des travaux particuliers de cette arme.

L'ennemi tira presque toute la nuit à mitraille, et lança sur le château une grande quantité de bombes, mais nos travailleurs n'en furent point dérangés; ces projectiles tombaient presque toujours au pied du mur d'enceinte du côté de la ville, ou au-delà, et nous n'eûmes que deux hommes tués et trois légèrement blessés. Il profita aussi de la nuit pour perfectionner la batterie (*l*), dans laquelle il fit transporter 7 pièces de 24, tirées de la batterie (*k*).

Le 5 à l'aube du jour, le feu de la place commença avec 9 pièces de 24, placées sur les deux cavaliers du château; immédiatement après six autres pièces du même calibre, un obusier et cinq mortiers de dix pouces, ainsi que les batteries du front 7, 8, celles de la lunette (14) et du fort San Cristoval tirèrent aussi, et l'on démonta dans peu d'instans plusieurs pièces des batteries (*k*, *c*, *e*); cependant la fermeté et la persévérance des assiégeans leur fournit les moyens de réparer les pertes et les dommages qu'ils éprouvaient, et comme ils ne ménageaient point les munitions, leur feu fut souvent plus considérable que celui de l'artillerie de la place, quoique celle-ci tirât dans cette journée 2980 coups de canon.

A dix heures du matin, la nouvelle batterie (*l*)

commença à tirer contre l'enceinte du château et renversa totalement le revêtement qui avait été entamé la veille; mais les terres ne perdirent presque rien de leur aplomb et la brèche resta impraticable.

. La ville souffrait beaucoup du feu des assiégeans; les bombes et les boulets qui passaient par-dessus les fortifications, portaient la dévastation dans tous les quartiers; les cris des habitans, dont les maisons étaient dévorées par les flammes, se mêlaient aux cris des combattans, et tout paraissait menacé d'une destruction totale; toutefois les troupes qui occupaient les ouvrages ne perdirent dans cette journée que 5 hommes tués et 18 blessés; perte légère si l'on considère la grande quantité de projectiles qui fut lancée par l'ennemi.

Dans la nuit du 5 au 6, 20 sapeurs et 100 fantassins, dirigés par le capitaine Gillet et le lieutenant Lessard, déblayèrent les décombres de la brèche du château; ensuite 10 sapeurs et 50 autres travailleurs, conduits par les sergens-majors Vallon et Thouin, déblayèrent également le pied des escarpes de la face droite du bastion (f) et du flanc (d) de San Cristoval; l'ennemi qui soupçonnait cette opération tira à mitraille, mais l'obscurité favorisa les travailleurs, et ils n'éprouvèrent d'autre perte que celle de quatre hommes blessés.

Le parapet du flanc (*d*) avait totalement disparu par l'effet de la chute du revêtement, et les pièces de canons qui se trouvaient derrière avaient été culbutées; pour remédier à cet accident, 50 sapeurs, aidés par des canonniers, rétablirent le soir un nouveau parapet sur le terreplein avec des gabions et des sacs à terre, et dès le 6 au matin une nouvelle pièce de 12 recommença à tirer sur la batterie (*c*).

L'état des brèches du fort San Cristoval et le peu d'élévation des contrescarpes devaient faire craindre un assaut très-prochain; mais soit défaut de renseignements, soit pusillanimité, l'ennemi ne fit aucune tentative pendant cette nuit. 150 hommes d'infanterie, non compris les travailleurs armés, formaient la garnison du fort qui se trouvait sous le commandement du capitaine Delcey, du 88°; cet officier répartit ces faibles détachemens le long des parapets et devant les brèches pour repousser l'assaut, et donna dans cette occasion des preuves de zèle et d'intelligence.

Peu satisfaits des résultats de la nouvelle batterie (*l*), les assiégeans poussèrent un nouveau boyau en zigzag sur la droite de leur parallèle, pour se rapprocher de 150 mètres du château; ils commencèrent ensuite une troisième batterie en (*m*), de 7 pièces de 24, à laquelle ils travaillèrent toute la journée malgré le feu meurtrier de la place. On reconnut aussi que la batterie (c) avait été agrandie et qu'on y avait mis quatre pièces de plus.

Le 6 au matin, la canonnade recommença de toutes parts avec une nouvelle vivacité; les batteries (c, e) continuèrent de tirer contre San Cristoval et achevèrent de battre ce fort en brèche ; après quelques heures de feu, le parapet du flanc (d) qui avait été reconstruit la nuit précédente fut de nouveau renversé, et la pièce de 12 qu'on y avait placée réduite au silence. A midi, l'artillerie descendit cette pièce au pied du talus du terreplein de ce flanc, et la dirigea contre l'attaque du château, ainsi qu'un obusier qu'elle plaça à la gorge du fort; ces deux pièces, qui plongeaient dans les batteries (m), causèrent un mal prodigieux à l'ennemi.

Le peu de capacité qu'offrait le château ne permit plus d'y établir de nouvelles batteries; pour remédier autant que possible à cet inconvénient, l'artillerie, à laquelle on adjoignit encore 5o sapeurs, fut chargée d'en construire une en crémaillère à la face droite du bastion n° 8, pour deux pièces de 24.

Le feu des assiégeans continuait à causer de grands dommages aux maisons les plus rapprochées du château; et celles qui se trouvaient derrière le front 7, 8, furent totalement détruites, plusieurs habitans perdirent la vie; la garnison qui était tout entière sur les remparts n'eut que deux hommes tués et treize blessés.

A l'entrée de la nuit, on s'empressa de nouveau de déblayer les brèches, et jamais troupes ne donnèrent, dans une occasion aussi périlleuse, de plus grandes preuves de courage et de persévérance ; quoique les assiégeans tirassent sans discontinuer, les décombres furent enlevés en peu de temps, et les escarpes conservèrent assez d'élévation pour rendre l'accès des brèches, sinon impraticable, du moins très-difficile ; en même temps des chaînes de chevaux de frise, des charrettes jettées les unes sur les autres, et des palissades, remplissaient les fossés du fort San Cristoval, avec tous les obstacles qu'on avait pu réunir en avant des ouvrages.

Indépendamment de ces précautions, on avait placé des bombes de 14 pouces sur le mur d'appui de la face gauche du bastion (f), pour les faire éclater dans le fossé au moment de l'assaut. Ensuite on avait reconstruit des parapets sur les terres-pleins en arrière des brèches, formés de fascines, de sacs à terre et de ballots de laine, derrière lesquels étaient postés des grenadiers munis chacun de trois fusils; enfin, l'activité qu'on déploya dans ce moment de crise, donna la plus grande confiance dans la résolution formée de repousser les assauts.

Tandis que la garnison prolongeait sa résistance, par tous les moyens que l'industrie et la nécessité peuvent faire imaginer, les assiégeans de leur côté se préparaient à un vigoureux assaut ; on ne sait trop pourquoi ils le retardèrent jusqu'au milieu de la nuit, nous laissant ainsi le temps de nous préparer à les bien recevoir ; peut-être cela tenait-il au système qu'ils avaient adopté de négliger les approches à la sape, et de compter sur l'obscurité pour essayer de nous surprendre, mais nous ne le cédions pas à nos ennemis en vigilance et en valeur, en sorte qu'ils furent trompés dans leur attente.

A minuit, 5 à 600 hommes de troupes d'élite, divisés en deux colonnes, sortirent des boyaux contigus à la batterie (c) et s'avancèrent en silence jusqu'aux glacis du bastion (f) et du flanc (d) du fort San Cristoval. A peine avaient-ils mis le pied sur le terrein de la fortification, qu'une fusillade des plus vives et trois canons à mitraille, avantageusement pointés, repoussèrent ces colonnes et les mirent en désordre ; mais s'étant ralliés à la faveur de l'obscurité et des rideaux que formait le terrein, une nouvelle attaque succéda bientôt à la première : alors les assaillans pénètrent dans les chemins couverts, dans les fossés et même jusqu'aux brèches ; mais tout est disposé pour les chasser ; nos grenadiers,

sans s'ébranler, les reçoivent à bout portant et
les renversent sur les décombres; en même temps
des bombes et des grenades lancées par les canonniers et les mineurs éclatent et portent la mort
au milieu des groupes qui se pressent au pied des
brèches; l'attaque se prolonge encore quelques
instants avec opiniâtreté; mais forcé de céder à
la vaillance des Français, l'ennemi profite de la
nuit et des irrégularités du terrain pour se dérober aux derniers coups; enfin il rappelle ses soldats épars, et est obligé de se retirer dans ses
lignes. 35 hommes, au nombre desquels se trouvaient deux officiers, furent tués dans les fossés
et au pied des brèches; un grand nombre de blessés, beaucoup d'armes et quelques échelles tombèrent en notre pouvoir; la perte totale des assaillans dans ce premier assaut fut évaluée à plus
de 250 hommes. La garnison n'eut qu'un homme
tué et 5 blessés.

Le commandement de San Cristoval avait été
confié au capitaine Chauvin du 88e [1], officier
brave et actif, qui toujours debout sur les brèches avait par un noble exemple enflammé le courage du petit nombre de défenseurs qui l'entou-
raient; il fut très-bien secondé par le sergent d'ar-

---

[1] Le capitaine Chauvin fut nommé officier de la légion d'honneur en récompense de sa belle conduite.

tillerie Brette, par le sergent de sapeurs Lerouge, et par le sergent Gillot du 88ᵉ.

Le succès de cette lutte sanglante, produisit un effet merveilleux sur l'esprit des troupes de la garnison, et remplit les habitans d'étonnement et d'admiration; il servit de règle pour déterminer l'étendue de notre force, et pour apprécier les dangers et les hasards des assauts.

L'ennemi, irrité de l'échec qu'il venait d'essuyer, recommença son feu le 7 au matin, avec une violence excessive; il renversa bientôt tous les obstacles qui avaient été rassemblés pendant la nuit sur les brèches; mais les tranchées étaient tracées de manière qu'il ne pouvait s'avancer le jour, sans parcourir à découvert un espace de plus de 500 mètres, sous le feu d'une grosse artillerie et de retranchemens défendus par des soldats aguerris munis de trois fusils chacun. Lord Wellington dut reconnaître alors, mais trop tard, qu'on ne s'écarte jamais impunément des premières règles de l'attaque, et que la précipitation dans les siéges ne hâte point la reddition des places.

Dès que le feu des assiégeans fut un peu apaisé, on continua les travaux de défense avec 600 ouvriers. Accablés par les combats, par les chaleurs et par les privations de toute espèce, nos soldats n'avaient à opposer que leur vaillance aux troupes fraîches de l'ennemi; le gouverneur se montrait infatigable dans les plus rudes opérations, à toutes les heures de la nuit comme du jour, il visitait les travaux et les postes, veillait avec une égale sollicitude au soulagement des blessés, utilisait tout le monde à la défense, et prenait les mesures convenables pour réprimer dans l'intérieur de la ville les menées sourdes des alliés, qui avaient déjà répandu l'inquiétude au siége précédent.

Vers le soir, on acheva la batterie du bastion n° 8, et elle tira aussitôt sur l'attaque dirigée contre le château. L'ennemi qui n'avait pas été moins diligent termina aussi la batterie entreprise en (m), et tira avec quatre pièces de 24 contre la brèche, dont la partie supérieure quoiqu'en terre, conservait toujours assez d'escarpement pour en rendre l'accès très-difficile.

Notre perte dans cette journée fut de 5 hommes tués et seize blessés.

Dans la nuit du 7 au 8, le lieutenant de sapeurs Lessard fut chargé de faire déblayer par 100 travailleurs les décombres qui étaient amoncelés au pied de la brèche du château, tandis que le capitaine Coste faisait perfectionner le retranchement intérieur avec 400 autres travailleurs, tirés de tous les corps. La même opération se répéta au fort San Cristoval, tant pour le déblayement des brèches que pour les préparatifs jugés nécessaires pour repousser un second assaut; mais l'ennemi encore découragé de l'échec de la veille n'osa rien tenter cette nuit ; il se contenta de lancer une grande quantité de bombes et d'obus, et consomma ainsi ses munitions sans beaucoup d'utilité.

Notre perte fut de trois hommes tués et sept blessés; le brave capitaine Coste se trouva au nombre de ces derniers; il se fit panser sur les travaux et continua de les diriger jusqu'au jour.

Le 8 au matin, l'ennemi recommença le feu de toutes ses batteries avec la même vivacité qu'au commencement du siége; les bâtimens militaires du château étaient entièrement démolis, le sol était couvert de débris, d'éclats de bombes et d'obus; les ravages s'étendaient ainsi dans tous les environs des ouvrages attaqués, et un grand nombre de maisons étaient ruinées de fond en comble; les habitans consternés désertaient les quartiers où il y avait tant de dangers, mais la ville n'offrait plus aucun lieu sûr, elle était sans cesse la proie des flammes, et les individus tombaient écrasés sous les décombres; à ces désastres venaient se joindre la disette des vivres, et malgré toute l'économie qu'on avait mise dans les distributions, elle commençait aussi à se faire sentir d'une manière effrayante dans la garnison,

qui pouvait à peine se procurer quelques den-
rées au poids de l'or, et dont on fut encore
obligé de réduire la ration, déjà insuffisante
pour des hommes fatigués par les travaux de défense, et affaiblis par tant de privations.

Telle était la position des assiégés, lorsque les
Anglais, chez qui abondaient toutes sortes de pro-
visions, se préparèrent à livrer un second assaut.

Dans la nuit du 8 au 9, le capitaine Martin dirigea les travaux du château et le déblayement
de la brèche; il avait sous ses ordres le sergent
de mineurs Naudé, celui des sapeurs Lerouge,
et le caporal Bigourre; la batterie (*m*) tira à mitraille pour écarter les travailleurs, mais la place
riposta avec trois gros mortiers, et le feu de l'ennemi s'étant ralenti, on put achever de déblayer.

Le sergent de mineurs Joste, et celui des sapeurs Cabois, avec 50 travailleurs exécutèrent
la même opération aux brèches de San Cristoval, tandis que le capitaine Gillet rassemblait
dans l'intérieur du fort tous les obstacles imagina-
bles pour repousser l'assaut qu'on présumait devoir être donné dans la nuit; on ne sait pourquoi l'ennemi le différa encore de vingt-quatre
heures, était-ce calcul ou incertitude? quoi qu'il
en soit, ce fut une faute, puisque ce délai nous
servit à assurer l'effet des nouveaux moyens de
défense que nous venions de créer.

Le sergent Lerouge fut tué aux travaux du château, et huit hommes furent blessés.

Le 9, pendant que les batteries faisaient un feu
bien nourri, on aperçut beaucoup de mouvements dans les camps et dans les tranchées, ce
qui fit présumer que l'ennemi se préparait à livrer un assaut général aux trois brèches; les
mouvements s'étant ralentis dans l'après-midi,
on pensa qu'il le retarderait jusqu'à la chute du
jour; mais contre notre attente il le différa jusques dans la nuit, et se borna à l'attaque de
San Cristoval. Nous profitâmes de ce répit pour
achever les préparatifs de défense de ce fort;
d'abord, on déblaya encore les décombres des brèches, puis on rangea pour la troisième fois des chevaux de frise, des charrettes et des bois de démolition dans les fossés; en même temps on plaça
sur les parapets, qu'on avait reconstruits à la
hâte, avec des sacs à terre et des ballots de laine,
trente bombes de 14 pouces, et plusieurs barils
remplis de grenades et de matières combustibles
qu'on devait faire rouler sur les assaillans; plusieurs pièces chargées à mitraille étaient en outre
avantageusement pointées; enfin 200 hommes
d'élite, commandés par le capitaine Joudiou, du
21ᵉ, étaient sous les armes munis chacun de trois
fusils.

On en était là des apprêts, lorsque vers dix

heures du soir la nombreuse artillerie des assiégeans lança une quantité prodigieuse de projectiles de toutes espèces sur le fort et sur le château. Pendant ce signal précurseur de l'assaut,
nos batteries demeurent immobiles, les soldats
attendent l'ennemi avec impatience, et brûlent
de le combattre corps-à-corps. Bientôt il s'avance,
il repousse les postes des chemins couverts, et
fond avec impétuosité dans les fossés; les plus
vaillans réussissent à se faire jour à travers les
obstacles et se précipitent sur les deux brèches;
ils semblent animés d'une ardeur irrésistible; des
cris de *houra* retentissent de toutes parts; mais
nos braves, avec leur imperturbable assurance, les
reçoivent à brûle pour point, et les renversent
pêle-mêle sur les décombres; tandis que les bombes et les grenades éclatent sous leurs pas avec
un bruit horrible et achèvent leur destruction.
Aux cris menaçans des assaillans succèdent les
cris d'allégresse des défenseurs; vainement les
chefs anglais cherchent à rallier leurs soldats pour
tenter de nouveaux efforts; après avoir essuyé de
grandes pertes ils succombent, le courage les
abandonne, et ce qui parvient à échapper à la
mort fuit en désordre dans les lignes de contrevallation pour y chercher un refuge. A cette scène
de destruction succède le calme le plus profond
il n'est interrompu que par les gémissemens des

13.

blessés. Le capitaine Joudiou, aussi compatissant après l'action, que terrible dans le combat, donne à l'instant l'ordre de porter des secours aux blessés; il fait retirer plusieurs soldats et deux officiers anglais du milieu des décombres, et s'honore dans cette occasion par un bel exemple d'humanité. Le nombre des assaillans était de 8 à 900 ; quarante furent tués, et plus de 150, horriblement mutilés, restèrent gisant jusqu'au matin dans les chemins couverts et sur les glacis. Un grand nombre d'armes et d'échelles demeurèrent en notre pouvoir, et ce qui est presque incroyable, la garnison du fort n'eut que deux hommes blessés.

Dans cette action glorieuse, le capitaine Joudiou déploya une habileté et une bravoure qui lui méritèrent les plus grands éloges de la part du gouverneur et de toute la garnison [1]. Il fut bien secondé par les lieutenans Rollin du 21e, et Manuel du 34e; le sergent d'artillerie Brette [2], qui s'était déjà distingué dans la nuit du 7 au 8, se comporta aussi avec beaucoup d'adresse et de courage, ainsi que les sergents Naudé et Rousselet. Le canonnier Longet, inspiré par un mouvement d'héroïsme, répondit à la voix cou-

---

[1] Après le siége, le général en chef fit nommer le capitaine Joudiou officier de la légion d'honneur.

[2] Le sergent Brette fut nommé lieutenant, et chevalier de la légion d'honneur

rageuse du brave Joudiou qui animait ses soldats au combat : *Mon capitaine, l'ennemi n'entrera pas, moi seul l'en empêcherai !* En même temps il roulait des bombes et jetait des grenades qui contribuèrent puissamment à repousser les assaillants.

Pendant l'attaque, l'aide-de-camp Duhamel, et le lieutenant de gendarmerie Beaucourt, sortirent de la tête du pont avec un détachement d'infanterie pour voler au secours du fort San Cristoval ; ils rencontrèrent l'ennemi dans la communication et l'en chassèrent. Le lieutenant Beaucourt, qui n'était pas encore rétabli d'une blessure qu'il avait reçue au siége précédent, fut de nouveau atteint d'un coup de feu.

On s'attendait que l'ennemi attaquerait simultanément San Cristoval et le château, que même l'attaque de ce premier point n'aurait d'autre objet que de protéger celle du second ; dans cette conjecture, le commandant du génie avait fait déblayer le pied de la brèche du château [1] et fait rassembler dans l'intérieur tous les obstacles qu'il avait été possible d'organiser. Le retranchement auquel on avait travaillé sans relâche depuis l'établissement des batteries (*k, l, m,*),

---

[1] L'ennemi qui se doutait de cette opération tira constamment à mitraille sur les travailleurs ; le capitaine Delsere du 88ᵉ et deux soldats furent tués.

était à peu près terminé, 400 hommes rangés le
long des crêtes intérieures du parapet, plongeaient en avant de cet ouvrage de manière à ce
qu'aucun coup ne pût se perdre; enfin, on n'o-
mit aucune des mesures que l'incertitude où nous
étions sur les desseins de l'ennemi pouvait mo-
tiver; toutefois, le reste de la nuit se passa dans
un calme qui contrastait singulièrement avec le
fracas épouvantable qui avait précédé.

Le lendemain 10 mai, l'ennemi recommença
la canonnade avec une espèce de rage; mais vers
10 heures il la cessa tout-à-coup, et envoya un
parlementaire qui fut introduit par la tête du
pont et qui remit au gouverneur la lettre suivante.

MONSIEUR LE GÉNÉRAL,

« Il est fort à désirer que les blessés qui res-
« tent sous le feu et dans les fossés du fort San
« Cristoval soient soignés, et j'espère que vous
« permettrez qu'on les ôte de la place où ils sont,
« et qu'on les apporte à un endroit, entre nos
« avant batteries et le fort, d'où je pourrai les
« faire transporter.

« J'ose aussi vous demander de permettre qu'on
« apporte le corps du major M. Gassey, qui a
« été tué hier au soir, et aussi les corps des autres

« officiers afin de les faire enterrer avec les hon-
« neurs qui leur sont dus.

« J'ai l'honneur d'être, etc.

« Signé STEWART. »

Réponse du gouverneur :

« Monsieur le général, un de mes aides-de-camp
« allait se rendre près de vous pour vous prier
« de faire cesser le feu, afin de faire enlever vos
« blessés, lorsqu'on est venu m'annoncer que
« vous-même veniez d'envoyer un parlementaire
« à cet effet; je donne à l'instant des ordres pour
« qu'un aussi louable but soit rempli, et je pro-
« fite de cette occasion pour vous informer que
« j'ai fait transporter en ville, pour y être soi-
« gnés, ceux de vos blessés que j'ai pu faire en-
« lever, nonobstant le feu de vos batteries.

« J'ai l'honneur d'être, etc.

« Signé PHILIPPON. »

Aussitôt après le départ du parlementaire anglais, il y eut une suspension d'armes de quelques heures, pour donner le tems aux assiégeans
d'enlever leurs blessés et d'enterrer leurs morts.
Après cette opération, ils recommencèrent le feu,

mais avec si peu de vigueur qu'ils nous décelèrent tout-à-fait leur détresse et leur découragement.

La garnison toujours infatigable, quoique sans espoir d'une délivrance prochaine, animée par le succès qu'elle venait d'obtenir, continua sans interruption les travaux de défense; la nuit était à peine venue que de nouveaux travailleurs se pressèrent à l'envi pour déblayer les brèches, et en peu d'instans celle du château présenta un escarpement de plus de dix pieds de hauteur.

Le gouverneur, qui étendait ses soins sur toutes les parties du service, prit à l'égard du fort San Cristoval les mêmes dispositions que la veille, et il s'établit ensuite au château avec le commandant du génie, pour veiller de plus près à la défense de ce poste important. La perspective d'un troisième assaut n'étonnait point nos soldats, qui étaient déterminés à tout braver pour conserver cette place à la France, et les préparatifs se continuèrent avec activité; mais la manière dont les Anglais avaient été reçus, aux deux premiers, fit présumer qu'ils n'en hasarderaient pas d'autre de sitôt, néanmoins l'artillerie disposa des pièces chargées à mitraille à tous les flancs; quatre compagnies de grenadiers et 50 mineurs, munis d'artifices, gardaient le sommet de la brèche; quatre compagnies de voltigeurs étaient établies dans les chemins couverts du front 8, 9, pour flanquer le pied du château, et 400 hommes commandés par le chef de bataillon Marquet, étaient en réserve derrière le retranchement (h).

Telle était la situation des assiégés dans la nuit du 10 au 11; vers deux heures du matin arrivèrent deux déserteurs qui nous apprirent que la levée du siége était décidée, et que déjà les Anglais avaient commencé leur retraite; en effet le 11 à l'aube du jour, on remarqua de grands mouvemens dans les camps et dans les tranchées, qui confirmèrent cette heureuse nouvelle; toutefois l'ennemi chercha à dissimuler sa résolution, en continuant le feu de ses batteries; mais le sort en était jeté, il dut céder à la force des circonstances; la résistance de la garnison et une lettre interceptée, où l'on annonçait l'intention de réunir toutes les forces françaises en Estramadure, déterminèrent lord Wellington à lever le siége de Badajoz, et à le convertir en blocus.

Le 12 et le 13, l'ennemi cessa le feu de ses batteries, enleva sa grosse artillerie et la transporta à Elvas. La garnison continua de bivouaquer sur les remparts, suivant l'ordre qui lui avait été assigné les jours précédens, avec d'autant plus de raison qu'outre la brèche du château, la place était susceptible d'être attaquée à la fois de vive force, sur plus de dix points différents. Les troupes d'artillerie et du génie furent les seules employées aux travaux : elles achevèrent de raser les bâtimens militaires du château qui avaient été détruits par le bombardement et dont les restes nuisaient à la formation du retranchement ; les bois de ces bâtimens furent employés à former des abattis.

Le 14, on avait remarqué beaucoup de mouvement dans les camps ; les routes d'Albuhera et d'Olivença étaient couvertes de voitures chargées de munitions qui se dirigeaient vers le pont de bâteaux de la Guadiana. A dix heures du matin, environ 100 Portugais s'approchèrent de la place dans le dessein d'enlever quelques bœufs qui restaient encore à la garnison, et qu'on avait fait paître sur les glacis ; pour arrêter leur audace, le gouverneur fit sortir 50 cavaliers, sous le commandement du lieutenant Châteauneuf, qui en sabra plusieurs et mit le reste en fuite.

Les troupes du blocus ne firent aucun mouvement pendant les journées du 15 et du 16 ; elle se tinrent assez paisibles dans leurs camps, et cet état passif devenait très-inquiétant pour la garnison à cause de la disette des vivres qui se faisait sentir de plus en plus. Le général Philippon et les officiers supérieurs employèrent tous leurs soins à soutenir le bon esprit, que la perspective d'un long blocus dont on ne pouvait prévoir le terme devait affaiblir; ils exhortèrent les troupes à supporter avec patience les privations qu'elles souffraient, les assurant que cet état de choses ne pouvait durer long-tems, quoiqu'ils n'eussent eux-mêmes aucun avis certain de la marche des événemens, et qu'ils s'attendissent même à être bientôt dans la nécessité de capituler, ou de se faire jour à travers des ennemis; cruelle alternative pour une garnison qui avait vaincu deux fois sur la brèche!

On savait que les forces des alliés s'étaient concentrées du côté d'Albuhera, depuis que le siége avait été converti en blocus, et que celles qu'ils avaient laissées sur la rive droite de la Guadiana étaient considérablement réduites; cette circonstance pouvant favoriser une évasion, dans cet espoir il fut convenu entre le gouverneur, le commandant du génie, et le chef de bataillon Marquet, que dès que la garnison serait réduite à la dernière extrémité, elle tenterait de s'échapper furtivement à la faveur de la nuit, en même temps qu'on ferait sauter les mines, qui avaient été préparées lors de la première défense pour la destruction des fronts 1, 2 et 3 [1]. La retraite devait s'opérer par le

[1] Voyez page 147.

chemin de Montigo, sur Merida ou Cordovilla, selon les événemens. Pour donner le change à l'ennemi et le confirmer dans l'idée que nous ne pensions nullement à quitter la place, on fit commencer le 16 avec beaucoup d'apparat la démolition d'une arche du pont de pierre de la Guadiana, pendant que des charpentiers préparaient secrètement, dans l'arsenal du génie, des longerons et des madriers pour rétablir promptement le passage; mais grace aux mouvemens combinés des armées du Portugal et du midi, nos préparatifs de départ furent superflus, l'ennemi décampa tout-à-fait dans la nuit du 16 au 17; au jour quelques vedettes seulement étaient encore en vue sur les routes de Campo-Major et d'Elvas: un détachement de cavalerie sortit pour leur donner la chasse.

Le 18, quelques pelotons de cavalerie rodèrent encore autour de la place.

Le 19 vers le soir, arriva un chef d'escadron, escorté par cent chevaux, qui nous apporta la nouvelle que les armées françaises, sous les ordres des maréchaux ducs de Dalmatie et de Raguse, s'avançaient pour opérer notre délivrance.

Ainsi fut levé le second siége de Badajoz, après trois mois d'inutiles efforts de la part des alliés. En vain lord Wellington fit-il foudroyer le château et le fort San Cristoval, en vain épuisa-t-il dans les assauts le courage de ses meilleurs soldats; cette place, quoique très-mal fortifiée, mais défendue par une brave garnison, que l'exemple de ses chefs rendait invincible, devint un écueil contre lequel la fortune de ce général éprouva l'échec le plus humiliant que la levée d'un siége puisse entraîner après elle.

La perte des assiégeans fut considérable, ils cherchèrent à la déguiser dans leurs rapports; quoique difficile à évaluer au juste, nous croyons ne rien hasarder en assurant qu'elle fut de plus de 2400 hommes, au nombre desquels nous comptons huit officiers du génie [1].

Les pertes éprouvées par la garnison furent peu nombreuses comparativement à celles des assiégeans, nous les avons indiquées à peu près jour par jour.

Le gouverneur fit connaître les officiers et les soldats qui s'étaient plus particulièrement distingués, parmi lesquels nous devons citer le chef de bataillon d'infanterie Marquet, les capitaines Chauvin et Joudiou, le chef de bataillon d'artillerie espagnole Gonzalès, les lieutenans Tortel et Loos, le sergent Brette et le canonnier Longet, les capitaines de génie Gillet et Amillet, les ca-

[1] Officiers du génie anglais tués: MM. Hunt, Patton, Forester, Dickinson et Melville; blessés, Ross, Boteler et Reid.

pitaines de sapeurs Martin et Coste, et les aides-
de-camp Desmeuve et Duhamel.

Le 20 juin, les armées françaises du Portugal
et du midi occupaient les environs de Badajoz,
sur les deux rives de la Guadiana, et les généraux
en chef arrivèrent dans la place; le duc de Raguse
y entra le premier, accompagné des généraux
Regnier et Foy. A l'approche du duc de Dalmatie,
la garnison courut aux armes et forma la haie
sur son passage; avant de se rendre dans la place,
le maréchal visita d'abord à cheval les travaux des
assiégeans, examina la brèche du château, et
fit ensuite son entrée par la porte de la Trinidad, au bruit du canon et des acclamations de
toutes les troupes. Au fracas des armes succèda
le calme, et la joie publique fut au comble.
Présentés aux deux maréchaux, le gouverneur et
l'état-major de Badajoz en reçurent des éloges,
dans les termes les plus honorables, comme un
témoignage éclatant de satisfaction, au nom de
l'armée et de la France. Ces éloges furent com-
muns aux différentes armes, et aux employés
des administrations, organisés en compagnies
pour le maintien de l'ordre. *Vous avez tous ri-
valisé de zèle, d'activité et de bravoure*, leur dit
le maréchal Soult; *tous, vous vous êtes montrés
bons Français!*

Lord Wellington, dans sa retraite, avait pris la

direction d'Olivença; il abandonne cette place qui lui avait coûté un siége de huit jours, avec une telle précipitation qu'il y oublia ses approvisionnemens en vins, eaux-de-vie, et poissons salés. Il repassa la Guadiana à Jurumenha, et replia ensuite le pont qu'il y avait fait construire.

Cependant le général Godinot, qui avait pris possession de la place d'Olivença, reçoit l'ordre de la démanteler; il met la plus grande activité dans cette opération. Une compagnie de mineurs y est dirigée, elle établit des fourneaux aux saillans des bastions, et sur divers autres points, et le 27 juin au matin, tandis que la division Godinot se retire sur Valverde, à une lieue de là, le feu est mis aux mines et les fortifications s'écroulent.

L'armée du nord, sous les ordres du général Spencer, avait suivi l'armée française du Portugal par un mouvement parallèle, en sorte que les alliés forts de plus de 60 mille combattans se trouvèrent réunis sur la Caya, entre Santa-Olaya, et la forteresse d'Elvas, occupant une position avantageuse qu'ils renforcèrent encore par quelques redoutes.

Le 22, une division de quatre régimens de dragons, sous le commandement du général Latour-Maubourg, s'était portée sur Elvas dans le but de reconnaître le terrain; arrivé à une assez petite distance de la place sans avoir rien aperçu, le général retourna dans la direction de Badajoz. Lord Wellington, avait fait pousser le même jour une reconnaissance d'environ 600 chevaux sur cette place, mais par un autre chemin; celle-ci, en reprenant la grande route d'Elvas, ne se doutant point de la présence des Français sur cette même route, se trouva tout-à-coup en face du 27ᵉ de dragons qui formait l'avant-garde. Le colonel Lallemand se replie avec habileté sur la division et engage l'ennemi, par cette retraite simulée, à se mettre à sa poursuite. La cavalerie anglaise donne tête baissée dans le piége, et est entraînée sur les quatre régimens qui la reçoivent au milieu d'eux et l'entourent de toutes parts. Après un combat assez vif, 300 cavaliers sont tués ou pris sur le champ de bataille, et le reste mis dans le plus grand désordre se sauve à bride abattue dans Elvas. Les chevaux capturés servirent à remonter nos dragons qui reprirent leur position sur les bords de la Gébora; après cette reconnaissance, les armées belligérantes restèrent quelques temps en repos.

Le séjour des deux généraux en chef dans Badajoz fut de courte durée; le duc de Raguse fixa son quartier-général à Mérida. Le duc de Dalmatie, qui venait de recevoir l'avis qu'un corps espagnol, commandé par le général Blacke, s'était porté avec

rapidité sur le Rio-Tinto, et menaçait Séville,
marcha avec les divisions Godinot et Conroux,
précédées de quatre régimens de cavalerie au secours de cette capitale, dont la perte aurait eu
l'influence la plus défavorable en Espagne. Avant
son départ, il donna des instructions pour augmenter les fortifications de Badajoz, et laissa des
ordres au comte d'Erlon, qui venait de prendre le
commandement du 5e corps, pour occuper l'Estramadure.

Le duc de Raguse, jugeant que les alliés étaient
hors d'état, après les pertes essuyées dans cette
campagne, de tenter rien de sérieux en Estramadure, instruit d'ailleurs qu'ils avaient pris des
quartiers en arrière d'Arronches et d'Alburquerque, se replia lui-même, le 17 juillet, avec l'armée
du Portugal, sur le Tage, établit son quartier-
général à Alméras, et plus tard à Talavera-de-la-
Raina et Tolède, jusqu'au milieu de septembre,
où les démonstrations de l'ennemi l'obligèrent de
concentrer ses troupes pour agir avec toutes ses
forces sur le Duéro.

Les Anglais, ayant ainsi été expulsés de l'Estramadure, le théâtre de la guerre fut éloigné de
Badajoz, jusqu'au commencement de 1812.

DÉSIGNATIONS.	OFFI-CIERS.

Le gén. de brig. baron { Duhamel, lieut. ai.-de-camp.
Philippon, gouvern. { Desmeuve, ... Id. . . . . . . }

L'adjud. command. Gasquet command. de la place.
Adjudans de place . . . .

Lamare, chef de bataillon, commandant du génie . .
Amillet, capitaine du génie . . . .
Gillet, capit. du génie, comm. une comp. de mineurs.

Collin, chef de bataillon, commandant de l'artillerie.
Gonsalès, idem, espagnol, commandant en second.

ADMINISTRATIONS.

	FRAN-ÇAIS.	ESPA-GNOLS
Commissaires des guerres	1	»
Médecins	1	7
Chirurgiens	5	11
Pharmaciens	3	5
Hôpitaux (employés d')	9	11
Services réunis	19	»

20
19

TROUPES.

Artillerie . . . .
Génie . . . .
Cavalerie . . . .
21e régiment léger . . . .
40e id. de ligne . . . .
58e id. id . . . .
88e id. id . . . .
100e id. id . . . .
103e id. id . . . .
Espagnols assermentés . . . .
Train des équipages militaires . . . .

TOTAUX . . . .

TROISIÈME DÉFENSE DE BADAJOZ.

Les forces considérables que les alliés avaient Pl. rassemblées au commencement de 1812 dans le midi, notamment à Cadix, avaient empêché le dnc de Dalmatie, de suivre le projet qu'il avait formé contre le Portugal, et cet état des choses devint favorable à Lord Wellington, dont le duc de Raguse restait éloigné, sans doute en raison de la difficulté de faire subsister son armée, dans un pays qui n'avait cessé d'être la base de toutes les opérations militaires. Instruit de notre position, le général anglais résolut d'assiéger une troisième fois Badajoz; l'espoir de réussir dans cette nouvelle entreprise était fondé sur l'isolement de cette place, qui était abandonnée à elle-même, et éloignée de plus de 40 lieues du centre des opérations des armées françaises.

Ainsi, au mois de février, les renseignemens donnés par les espions, annonçaient que les alliés réunissaient une grande quantité de vivres et de munitions à Elvas, et que plus de mille ouvriers étaient employés à confectionner des gabions, des fascines, et autres objets destinés au siége. Ces renseignements furent recueillis avec

14.

soin par le gouverneur et transmis au māréchal duc de Dalmatie.

Le 10 de mars, on apprit que l'ennemi avait réuni 78 gros canons pour le siége, et d'autres avis firent en même temps connaître que plus de 50 mille hommes se concentraient entre Port-Alègre, Estremos et Villaviciosa. Le gouverneur manda de nouveau au maréchal, qu'il n'était plus possible de douter que Badajoz ne dût bientôt être assiégé, et que l'ennemi se flattait ouvertement de se rendre maître de la place, avant qu'elle pût être secourue.

Le directeur d'artillerie, dans ses rapports au général Ruty, demandait avec instance des poudres et des projectiles creux, dont on manquait. Deux fois ces objets partirent de Séville, et deux fois ils furent arrêtés en route, de sorte que Badajoz ne fut point suffisamment approvisionné.

Le directeur des fortifications s'empressa aussi de donner avis au général Léry, des préparatifs de l'ennemi et des dispositions qu'il avait prises, pour la défense; il lui fit connaître son opinion sur le temps pendant lequel la place pourrait résister à l'attaque la plus vigoureuse et la mieux dirigée; ses calculs l'autorisèrent à fixer le *maximum* de la défense de 20 à 25 jours de tranchée ouverte. La suite a prouvé que cette approximation était assez juste; on devait d'ailleurs s'at-

tendre à des efforts extraordinaires de la part des
anglais; on se ressouvenait qu'ils avaient été hu-
miliés aux deux siéges précédens, et que la présence de lord Wellington était une raison suffisante pour qu'ils ne négligeassent rien de ce qui
devait assurer le succès d'une troisième entreprise. Mais avant d'entrer dans les détails du
siége, nous donnerons une connaissance succincte
des ouvrages qu'on avait exécutés depuis la fin
de juin 1811, jusqu'à la nouvelle apparition des
anglais en mars 1812, afin que l'on puisse apprécier quel était l'état et la force de la place.

Comme l'ennemi avait dirigé dans les deux
premiers siéges, tous ses efforts contre San-Cristoval et le château, le duc de Dalmatie voulut
que cette partie de la place fût renforcée : il ordonna en conséquence la construction de la lunette (cotée 36), sur l'emplacement que les anglais
avaient occupé pour établir leur batterie de brèche contre ce fort. Les fossés de cette lunette furent creusés à pic dans le roc, à l'aide de pétards,
à 4 ^m. 50^c. de profondeur. Un magasin à poudre et un logement blindés à l'épreuve, pour 50
hommes, furent construits dans une traverse en
capitale; et la gorge, fermée par un bon mur crénelé, mettait cet ouvrage à l'abri d'une attaque
de vive force, quoiqu'il fût un peu éloigné du
fort San-Cristoval, mais d'ailleurs défilé des hau:

teurs et dominant sur tous les environs. L'artillerie l'avait armé de pièces et de projectiles nécessaires ; enfin on mit tant d'activité dans la construction de cette lunette, que le général en chef regardait comme très-importante, qu'elle se trouva achevée avant la fin de septembre : ensuite elle reçut, d'après son ordre, la dénomination de lunette Verlé, en mémoire du général de ce nom, mort glorieusement à la bataille d'Albuhera.

Les deux brèches de San-Cristoval avaient été rétablies, les fossés de ce fort creusés dans le roc pour les rendre plus profonds, les contrescarpes relevées en maçonneries et les glacis exhaussés de manière à cacher les escarpes qui étaient vues précédemment jusqu'à leur pied. Après ce travail, elles se trouvaient si bien dérobées aux vues du dehors, que, pour faire brèche à leur revêtement, il eût fallu établir des batteries dans les chemins couverts ; en outre des approvisionnemens de matériaux avaient été faits dans l'intérieur, pour construire un magasin à poudre, une citerne et une petite caserne voûtée à l'épreuve.

La tête de pont, qui avait été ruinée pendant le dernier siége, fut réparée, ainsi que la communication du fort San-Cristoval ; enfin ces ouvrages, dont on devait l'exécution au duc de Dalmatie, furent conduits avec une telle activité, que, lorsque l'ennemi parut, ils avaient atteint le degré de perfection indispensable à leur but, et cette partie de la place était dans un état de défense respectable. Mais il restait encore beaucoup à faire pour obtenir le même résultat sur l'autre rive, de manière à établir partout un juste équilibre de forces.

La couronne de Pardaleras avait été relevée de ses ruines, la gorge fermée par un mur crénelé, les fossés approfondis, la branche, le demi-bastion et la courtine de gauche rehaussés pour voir de revers le terrein en avant des fronts 1, 2, 3, entre ce fort et la Guadiaña; un magasin à poudre et un logement à l'épreuve reconstruits; le chemin couvert réparé et palissadé à neuf, et la communication en caponnière refaite sur un nouveau tracé, avaient donné à cet ouvrage toute la force qu'on pouvait désirer, eu égard au tems qu'on y avait employé et aux dépenses qu'on y avait faites.

La demi-lune du front 2, 3, ébauchée anciennement par les espagnols, avait été massée à la fin de 1811 : on termina son revêtement en maçonnerie et les remblais de terre en 1812, et cet ouvrage augmenta beaucoup la force de cette partie de la place. Les deux demi-lunes des fronts latéraux furent entreprises dans le mois de février, lorsque les bruits d'un nouveau siége commençaient à circuler. Les troupes de la garnison, qui étaient, pour ainsi dire les seuls travailleurs sur lesquels on pût compter, étaient remplies d'ardeur; et en peu de temps le revêtement en maçonnerie de la demi-lune du front 1, 2, fut élevé à 1 ^m. 60 ^c. au-dessus des fondations; celle du front 3, 4, construite entièrement en terre à défaut d'autres matériaux, commençait aussi à prendre du relief au-dessus du glacis, et elle aurait pu, de même que les deux autres, être mise en état de défense dès les premiers jours du siége, si l'ennemi eût dirigé ses attaques sur ce point. Enfin, une cunette de 2 ^m. de profondeur sur autant de largeur fut commencée dans le fossé du corps de la place, depuis le bastion n°. 1 jusqu'au bastion n°. 3, et malgré ces diverses améliorations et celles des mines défensives entreprises en 1811, ces deux fronts se trouvaient encore assez faibles pour être choisis de préférence pour point d'attaque [1].

Les mines pratiquées dans les terre-pleins des bastions 1, 2, 3, destinées à faire sauter ces ouvrages, furent perfectionnées, et la résolution qui avait été prise à cet égard, ne manqua, comme on le verra par la suite, que par le dénuement de poudre qu'on éprouva vers la fin du siége.

[1] Les Français ne purent diriger leur attaque sur ces fronts, parce qu'ils n'occupaient pas la rive droite de la Guadiana au commencement des opérations du siége.

Le château avait été fermé avec soin, on y a-
vait établi des vivres et des munitions, et notre
seul magasin à poudre s'y trouvait: on avait entièrement réparé la brèche qui y avait été faite
par les anglais, lors de la seconde défense ; les
anciennes batteries étaient rétablies et l'artillerie
en avait construit de nouvelles : des mineurs
avaient été employés à pétarder le rocher, sur lequel est élevé le mur d'enceinte de la partie exté-
rieure, pour augmenter l'escarpement ; ce mur
de 6 à 14 mètres de hauteur, fondé sur un pla-
teau élevé de plus de 20 mètres au-dessus du ruisseau du Rivillas, qui en baigne la base, offrait
une sûreté convenable ; enfin ce château, qui devait être notre dernier refuge, pouvait sans contredit être regardé comme un excellent réduit,
et le point le plus sûr de la place, pour recueillir
les débris d'une brave garnison, résolue de ne se
rendre qu'à la dernière extrémité.

Les casernes avaient été réparées et augmen-
tées, ainsi que l'hôpital militaire. Des blindages
restaient à faire, mais la ville se trouvait dépour-
vue de toute espèce d'approvisionnement de matériaux ; la forêt qui fournissait les bois nécessaires aux différens travaux était éloignée de près
de trois lieues, et les moyens de transport avaient
toujours manqué ; nos constructions en maçonneries ne nous offraient pas de moindres diffi-

cultés : la nécessité de faire extraire la pierre des carrières pour confectionner la chaux, ne nous permettait pas d'en avoir une quantité suffisante pour les besoins : enfin, pour faire du charbon, on était réduit à déterrer les racines des oliviers qui avaient été brûlés les siéges précédens. D'après ce dénuement total, on peut juger des obstacles qu'on eut à vaincre pour se créer les ressources indispensables, et amener le système de défense à l'état le moins défavorable. La plupart de ces travaux furent exécutés sous la surveillance du capitaine du génie Lefaivre, qui y déploya toutes les connaissances de l'art, et apporta dans leur exécution l'activité et le zèle le plus soutenu.

L'artillerie de son côté s'était occupée de rétablir l'armement général de la place, et dirigeait tous les travaux relatifs à cet objet, tels que la construction des traverses contre les enfilades, ouvertures d'embrasures nouvelles, etc; et de concert avec le génie, elle avait préparé dans ses magasins tous les moyens destructifs dont on se servit pendant la durée du siége et au moment des assauts.

Le palissadement des chemins couverts avait été presque totalement détruit par les siéges de 1811, et il était bien important de le rétablir; comme nous l'avons déjà dit, les bois propres au service manquaient; une demande fut faite à ce sujet au général Léry, qui prescrivit des mesures dont l'exécution fut confiée au chef de bataillon du génie Truilhier employé alors à Mérida, mais elles furent trop tardives et la place ne put être palissadée : circonstance dont les effets furent bien désastreux, puisqu'ils facilitèrent l'escalade.

Le gouverneur avait fait la répartition des troupes et assigné d'avance à chaque corps les ouvrages à occuper ; elle prouvait, qu'en raison du développement de la place et des ouvrages extérieurs à garder, la garnison composée de 5000 hommes [1] n'était pas assez forte pour assurer une bonne défense, surtout dans l'hypothèse d'une attaque générale. Mais les difficultés qu'offrait l'approvisionnement d'une garnison plus nombreuse avaient été un obstacle à son augmentation.

L'état des fortifications, et la faiblesse de la garnison, comparativement à la force numérique des assiégeants, étaient telles que si lord Wellington avait fait tenter une attaque de vive force dès les premiers jours de l'investissement, il eût pu espérer le même succès qu'il obtint vingt-et-un jours plus tard, après avoir éprouvé des fatigues et des pertes qu'il aurait peut-être épargnées à ses troupes.

Les anglais avaient brûlé, en 1811, les fer-

[1] Il existait 400 hommes à l'hôpital.

mes environnantes et les moissons sur pied. Les paysans effrayés avaient pris la fuite, et les terres étaient demeurées incultes. Pour remédier à ces accidens fâcheux, le gouverneur donna des ordres pour faire labourer et ensemencer les terres par des soldats dans un rayon de 3000 mètres, et les bœufs destinés à l'approvisionnement de siége y furent employés; les jardins abandonnés furent distribués aux corps et aux officiers de l'état-major : ressource précieuse, qu'une sage prévoyance sut ménager contre l'interruption presque certaine des communications avec le dehors. Enfin aucun des moyens qu'on pouvait employer pour mettre la garnison en état de se suffire à elle-même, ne fut négligé.

Peu de jours avant l'investissement, le chef de bataillon du génie, Truilhier, arriva avec le capitaine Meynhart, le lieutenant Vallon, 50 sapeurs, deux compagnies du 64e, formant 130 hommes, 20 chasseurs à cheval du 21e, commandés par le lieutenant Raulet, et un convoi de 50 à 60 mulets chargés de farine; il existait alors des vivres en magasin pour 30 à 40 jours seulement. Tel était l'état des choses lorsque l'ennemi parut. Passons maintenant aux opérations du siége.

Le 16 mars, vers neuf heures du matin, le guet de la tour du château signala l'armée anglaise sur la route d'Elvas. Le général Veiland

commandant en second, se porta aussitôt en
avant, pour la reconnaître, avec 25 chevaux et
170 hommes d'infanterie. A midi, environ trois
mille hommes étaient campés à deux lieues de
la ville, près de la Caya; immédiatement après
on vit défiler sur la rive gauche de la Guadiana,
à une grande portée de canon de la place, une
colonne d'infanterie d'environ 12 mille hommes
avec de l'artillerie de campagne : elle traversa la
route d'Olivença, passa derrière Le Cero del
Viento, s'étendit jusqu'au-delà de la route d'Albuhera, et s'arrêta pour prendre position et commencer l'investissement. Dès-lors toute communication avec les dehors fut interrompue; mais
les troupes de l'aile droite de l'armée du midi
qui étaient à Santa-Marta et Almendralejo, durent connaître le mouvement de l'ennemi, par
la retraite qu'elles furent obligées de faire. On
apprit dans la journée que les alliés avaient jeté
un pont de pontons sur la Guadiana, à deux lieues
au-dessous de Badajoz.

Les trois siéges précédens avaient obligé beaucoup de familles à quitter la place, pour se soustraire au danger et à la famine qui les avaient
menacés; la nouvelle apparition des anglais obligea encore un grand nombre d'individus de
toutes les classes de se résoudre à s'éloigner.
On vit alors des vieillards, des femmes et des

enfans, chargés d'effets, fuir par toutes les routes :
tous quittaient leurs habitations en versant des
larmes, et jetaient en s'éloignant quelques re-
gards sur leur malheureuse ville, qu'ils voyaient
pour la quatrième fois livrée à toutes les calamités inséparables de la guerre. Elle ne resta peu-
plée que de 4 à 5 mille ames, parmi lesquelles se
trouvaient une foule d'indigents, qui, malgré le
triste aspect que leur offrait l'avenir, ne purent
se résoudre à quitter leurs demeures.

Le 17, dès la pointe du jour, la place se trouva
entièrement investie. Plusieurs reconnaissances
furent faites dans la journée par des officiers anglais. De notre côté les travaux de défense se
poussèrent avec une nouvelle activité; l'inondation du Rivillas, qui avait été formée pour la première fois pendant les défenses de 1811, fut portée à sa plus grande élévation, et servit à couper
les communications en avant de la lunette Picurina (cotée 13), et à remplir d'eau les fossés du
front 7, 8, et de la lunette San-Roque, (cotée 14).

Le gouverneur nomma des commandans amo-
vibles pour les forts; le colonel Pineau eut le
commandement de Pardaleras; le colonel Gaspard
Thierry, celui de Picurina; le colonel des Hessois,
celui du château; le capitaine des grenadiers Vi-
lain fut chargé de San-Cristoval.

La garnison fut distribuée autour de la place

ainsi qu'il suit. Le bataillon du 9ᵉ léger, aux bastions 1, 2, celui du 28ᵉ, aux bastions 3, 4, celui du 58ᵉ de ligne, au bastion 5; et celui du 103ᵉ, aux bastions 6, 7, le régiment étranger de *Hesse-Darmstadt*, aux bastions 8, 9, et au château [1]; le détachement espagnol au service du roi Joseph, était placé à la porte de Las Palmas, avec les corps administratifs armés : le 88ᵉ et la cavalerie restèrent en réserve sur la place d'armes, dite San-Juan. L'artillerie, dont le personnel était insuffisant, eut à sa disposition le détachement du 64ᵉ et 50 sapeurs, qu'elle distribua dans les batteries et dans les ateliers.

Le général Veiland, fit choix des meilleurs tireurs de la garnison et en forma une compagnie, à laquelle il donna pour chefs les lieutenans Michel, et Leclerc de Ruffey, officiers très-braves et très-intelligents; cette compagnie fut destinée à inquiéter l'ennemi dans ses travaux en entretenant un feu continuel sur la tête des sapes.

Le soir, à la faveur de quelques ondulations que formait le terrein, et de beaucoup de vent et de pluie, environ 1800 travailleurs ouvrirent une parallèle, avec des boyaux de communica-

[1] On remarquera que le régiment Darmstadt était placé suivant son rang de bataille, et dans les parties de la place qu'on regardait généralement comme les moins exposées aux attaques de vive force.

tions en (AA) à 3oo mètres de la lunette Picurina [1]; cette parallèle fut continuée pendant
la journée du 18 avec une extrême activité,
malgré le feu de notre artillerie.

Comme cette attaque ne laissait aucun doute
sur les projets des assiégeans , le directeur
du génie fit abandonner les travaux de la rive
droite et porta toute son attention sur les fronts
7 , 8, 9, et sur la lunette Picurina ; celle-ci n'était
pas achevée, son escarpe n'avait que 3 à 4 mètres de hauteur et la contrescarpe n'était point
revêtue; à la vérité un chemin couvert palissadé,
en assez bon état, régnait autour, mais la gorge
n'était fermée que par un rang de palissades. Pour
remédier aux imperfections de cette lunette, on
creusa ses fossés pour augmenter la hauteur des
escarpes, et on renforça la gorge par un second
rang de palissades en avant duquel on pratiqua
un second fossé; ensuite on profita de la hauteur
du terre-plein au saillant pour construire en gabions une espèce de réduit; les fossés n'étant
nullement flanqués, on entreprit de petites ca-

---

[1] Des postes avaient été établis en avant des chemins couverts
des ouvrages de la place, l'officier qui commandait celui qui était
devant Picurina, se retira à l'approche de l'ennemi, sans s'opposer
à l'ouverture de la parallèle, et même sans en rendre compte de
suite au gouverneur, ce qui facilita les opérations de l'ennemi.
Par cette négligence, qui resta impunie, les assiégeans gagnèrent
une nuit de travail.

semates à feu de revers adossées au saillant de la contrescarpe, suivant les principes des lunettes à la d'Arçon; et en dernier lieu, trois fougasses furent placées aux trois angles du glacis, pour les faire sauter au moment de l'assaut.

Le 18, malgré la pluie qui tomba une partie de la journée et malgré le feu de la place, l'ennemi perfectionna la parallèle et la prolongea du côté de la route de Talavera avec une grande rapidité; il travailla en même tems à ouvrir des boyaux de communication en arrière.

Dans la nuit du 18 au 19, l'ennemi commença deux batteries (cotées BB); la première fut armée de trois pièces de 18 et de trois obusiers, la seconde de quatre pièces de 24: elles étaient destinées à ruiner Picurina et à enfiler la communication de cette lunette avec la place; en outre il avait coupé la route de Talavera, et poussé sa parallèle à 250 mètres du saillant de la lunette San-Roque.

Le 19, le gouverneur voulant retarder la marche rapide des assiégeans et augmenter les pertes que des attaques poussées avec témérité leur faisaient éprouver, ordonna une sortie. Deux bataillons, chacun de 500 hommes, commandés par les chefs de bataillon Barbot et Perrez, ayant en tête 100 hommes des troupes du génie, dirigés par le capitaine de mineurs C.-J. Lenoir, 40 chevaux et

1 re so

un canon, sortirent de la place à midi, par la porte de la Trinidad. Ces troupes, réunies sous les ordres du général Veiland, débouchèrent par la gauche de la lunette San-Roque, firent un changement de direction à droite, se formèrent ensuite en ligne, et se portèrent rapidement sur la parallèle et sur le terrein en arrière. A peine furent-elles déployées, que l'ennemi abandonna ses ouvrages avec précipitation et s'enfuit jusqué sur les hauteurs de San-Miguel. La cavalerie, à la tête de laquelle se trouvait le lieutenant de dragons Lavigne, tourna la parallèle au galop et pénétra jusque dans les bivouacs, tandis qu'un détachement de cent hommes sortait de Picurina et attaquait également la gauche. Sur ces entrefaites, les sapeurs détruisirent une grande partie de la parallèle, et y enlevèrent 545 outils. Ce résultat était tout ce qu'on pouvait attendre d'une poignée de combattans, hasardée à une grande distance de la place. Au bout d'une heure les anglais se rallièrent, reprirent l'offensive, et bientôt ce faible détachement de la garnison eut toute l'armée assiégeante à combattre; il eût été prudent alors de se retirer; mais, comme le 10 mai 1811, on résista trop long-tems, ce qui fit acheter chèrement l'avantage qu'on avait retiré de la sortie. Toutefois, le général Veiland opéra la retraite en bon ordre. Notre perte dans cette sortie fut de

20 hommes tués, 160 blessés, dont 13 officiers. Le chef de bataillon Perrez, du 28ᵉ, officier très-distingué, mourut des suites d'une blessure qu'il reçut au pied. L'aide-de-camp Saint-Vincent eut un cheval tué. La cavalerie fit quelques prisonniers. L'ennemi perdit plus de 300 hommes.

Le 20 au matin, l'ennemi était parvenu à réparer tout le mal qu'on lui avait fait par la sortie de la veille, et il avait même prolongé sa parallèle vers la Guadiana jusqu'en face du château. Ces travaux présentaient un grand front; plus de quinze cents travailleurs paraissaient y être employés journellement. Dans la place les travaux de défense se continuèrent sans interruption. L'artillerie avait augmenté le nombre des bouches à feu sur les fronts attaqués, et l'ennemi eut beaucoup à souffrir de leur effet.

Le 21, le feu commença dès la pointe du jour, et dut faire éprouver de grandes pertes aux assiégeans; néanmoins trois nouvelles batteries cotées (C D E) se trouvaient massées en face des fronts 7, 8, 9, et la gauche de la parallèle avait été avancée jusque près du ruisseau du Rivillas [1]. Ces batteries paraissaient indiquer que l'ennemi

[1] La batterie (C) fut armée de 6 canons de 24, et enfilait le prolongement de la face droite du bastion 7, celle (D), le fut de 4 canons de 18 contre le bastion 8, et celle (E), de 5 autres canons de 24 contre la lunette San-Roque.

connaissait les défauts du front 8, 9, que l'on considère avec raison comme l'un des plus faibles de la place, n'ayant qu'une escarpe en mauvaise maçonnerie, sans fossé ni contrescarpe, et vue de la campagne à plus de mille mètres, formé d'ailleurs d'une courtine sans parapet, derrière laquelle il était impossible de pratiquer un retranchement. Le choix de ce point d'attaque ne pouvait que donner de vives inquiétudes; mais l'ennemi ne s'aperçut nullement des avantages qu'il pouvait en retirer; il dirigea tous ses efforts, ainsi qu'on le verra plus loin, sur l'un des fronts qui devait lui offrir le plus de résistance, et qui l'aurait arrêté long-tems, si la garnison eût été plus forte et les magasins mieux approvisionnés en munitions.

Pour obvier aux défauts de la courtine 8, 9, on éleva en avant un petit retranchement en terre, afin de couvrir les maçonneries, et l'on rasa en même tems derrière cette courtine plusieurs maisons qui gênaient les communications. Il tomba beaucoup de pluie pendant cette journée, et l'inondation était à son plus haut période, elle baignait les fossés du front 7, 8.

On entreprit dans ce temps une communication couverte, pour aller de la porte de la Trinidad à la lunette San-Roque qui, par sa posi-

tion, pouvait prendre de revers l'attaque du front
8, 9 [1].

Les journées des 22 et 23 furent pluvieuses;
l'ennemi continua néanmoins ses ouvrages avec
la même activité, et éleva encore une nouvelle
batterie en (F) contre Picurina, qui servit ensuite contre le bastion n°. 7 [2].

Les travaux de défense se continuèrent avec
huit cents travailleurs de la garnison. L'artillerie
avait disposé trente-et-une bouches à feu, depuis
le château jusqu'au bastion n°. 5, ayant vue sur
les ouvrages de l'ennemi.

Le 24, on vit arriver beaucoup de troupes
sur les hauteurs en avant de San-Cristoval; on
apprit ensuite que c'était le général Leith, avec la
cinquième division d'infanterie, qui arrivait de
Campo-Mayor, pour former l'investissement
de la place sur la rive droite.

Le 25, à dix heures du matin, l'ennemi commença son feu avec vingt-trois pièces. Il s'engagea
alors une cannonade des plus vives, qui ne cessa
qu'à la nuit. Les assiégeans dirigeaient principalement leurs coups sur la courtine et les angles flan

[1] Cette communication fut achevée en toile. Son extrême
étendue aurait exigé un travail très-long pour la faire toute en
terre. Pour abréger, on fit tendre sur le bord du chemin de simples
toiles en forme de rideaux élevés sur des perches. Nos troupes
passaient derrière sans être vues des assiégeans.

[2] Cette batterie fut armée de 4 canons de 18.

qués des deux bastions 8, 9, sur la lunette Picurina,
et sur la face gauche du bastion n°. 7. Le saillant
de la lunette, dont le parapet n'avait que quatre
mètres d'épaisseur, fut fortement dégradé; on
le rétablit le soir avec des ballots de laine et
des fascines; on disposa sur les parapets des
bombes et des barils foudroyans, pour les lancer
sur les assaillans au moment d'un assaut, et deux
cents fusils étaient rangés contre les crêtes intérieures, pour que chaque homme eût sur-
le-champ plusieurs coups à tirer. Les galeries
à feu de revers, et les fougasses dont nous avons
parlé précédemment, étaient presque terminées :
deux heures de plus auraient suffi pour mettre
cet ouvrage dans un état satisfaisant de défense.
L'ennemi, averti par un déserteur espagnol qui
travaillait aux galeries, sentit toute l'opportunité
de la circonstance, et en profita avec autant
d'habileté que de bonheur pour livrer l'assaut. A
dix heures du soir, cinq à six cents hommes, favorisés par une profonde obscurité, assaillirent
cette lunette, défendue seulement par deux cents
hommes tirés des différens bataillons de la garnison [1]. Un détachement gagna d'abord la gorge

[1] Il eut sans doute mieux valu de former le détachement destiné
à la défense de cette lunette, d'officiers et de soldats d'un même
bataillon; l'émulation qui aurait existé entr'eux et la confiance
qu'ils se seraient inspirée mutuellement aurait contribué aussi bien
que l'habitude de la discipline à prévenir les désordres et assurer

par la gauche sans être aperçu ; mais, au moment où il commença à couper les palissades, il fut accablé d'un feu si violent, qu'il dut l'abandonner ; ensuite un autre détachement s'avança par la droite, et fut également reçu par une vive fusillade, si bien qu'après deux ou trois tentatives infructueuses pour renverser les palissades, il tourna le flanc gauche de la lunette où le fossé n'est point flanqué ; aussitôt il fixe des échelles contre l'escarpe, atteint le sommet du parapet, et pénètre dans l'ouvrage. Le combat était encore incertain, lorsqu'un troisième détachement, dirigé par le général Kempt, s'avança en capitale, et gravit le parapet au saillant, qui avait été ruiné, au moment où le détachement de droite en escaladait le flanc : ce dernier effort acheva la chute de la lunette ; l'attaque dura environ trois quarts d'heure ; quatre-vingt-trois hommes de la garnison furent tués ou blessés, quatre-vingt-six faits prisonniers ; un officier et trente hommes du régiment de Hesse se sauvèrent. L'ennemi perdit un major tué, nommé Wilde, ainsi que quatre officiers et cinquante soldats, quinze officiers et deux cent cinquante-cinq soldats furent blessés.

le succès. Nous faisons cette remarque pour faire sentir combien il importe, en pareille circonstance, de ne rien négliger pour se maintenir dans les ouvrages extérieurs.

Le gouverneur et le général Veiland témoignèrent hautement leur mécontentement sur la faible défense de cet ouvrage, et l'on vit avec regret qu'on avait négligé de faire usage des bombes et des artifices, qui avaient été disposés sur les parapets, dont l'effet fut décisif aux assauts de San-Cristoval en 1811, et que le sergent d'artillerie Brette utilisa avec tant d'intelligence. Le capitaine Salomiac qui commandait l'artillerie, avait été blessé pendant la journée et fut remplacé par un officier qui montra moins d'assurance; cet incident ainsi que l'isolement de la lunette, contribuèrent beaucoup au succès des assaillans.

sortie.   Dans le dessein de secourir la lunette, on fit sortir, mais trop tard, le bataillon du 103e, à la tête duquel se trouvait le chef de bataillon Lurat: il essuya un feu très-vif de la colonne qui était dans la communication, perdit une vingtaine d'hommes et fut obligé de rentrer dans la place sans avoir obtenu aucun avantage.

L'artillerie de la place tira pendant une partie de la nuit sur Picurina, afin de gêner l'ennemi dans l'établissement qu'on supposait qu'il y faisait. Quant à l'objet des batteries (C, D, E,) il fut totalement manqué; elles étaient contrebattues par le canon du demi-bastion 9, par ceux du château, par le fort San-Cristoval, et par deux pièces de 12 qu'on plaça en (H.) pour enfiler la parallèle. Ce résultat n'avait pu s'obtenir que par un feu très-vif, qui consomma, dans la journée du 25, beaucoup de projectiles creux et douze milliers de poudre, qui, joints à 64 milliers consommés depuis le commencement du siège, faisaient environ la moitié de l'approvisionnement primitif de la place. L'artillerie fut donc obligée de diminuer son feu, pour ménager ses munitions.

Le 26, les assiégeans abandonnèrent leur première attaque contre les fronts 8, 9: maîtres de la lunette Picurina, ils s'y établirent définitivement et firent des communications pour lier cette lunette à leur parallèle. Toutefois leurs batteries entretinrent un feu continuel pendant toute cette journée, mais il fut sans beaucoup d'effet, car il ne réussit pas à ralentir le nôtre. Le moment était arrivé de tenter une troisième sortie pour tâcher de reprendre Picurina et gagner du tems; mais on objecta que la garnison n'était plus assez forte pour l'exposer à ces sortes de chicanes.

Les batteries des fronts 6, 7, 8, dirigées sur le nouveau point d'attaque, tirèrent vivement, et le feu de mousqueterie fut aussi très-animé. L'ennemi, qui était très-imparfaitement couvert dans ses ouvrages, éprouva des pertes considérables. Cependant il commença deux batteries de brèche à la gorge de la lunette en (I, K,) qu'il dirigea contre le flanc droit du bastion 6 et contre la face gauche du bastion 7. Avec toute la vigueur qu'il avait déployée dans ses attaques, il n'avait fait que tâtonner, on doit le présumer du moins, en le voyant abandonner les batteries qu'il avait d'abord élevées contre le front 8, 9, pour diriger tous ses efforts contre les bastions 6, 7. La prise de Picurina le détermina sans doute à changer son plan d'attaque.

L'artillerie de la place commença une batterie de huit pièces de 24 dans le demi-bastion 9, qui fut achevée le 27 au matin, et qui, par sa position, plongeait dans celles que l'ennemi avait entreprises à la gorge de la lunette Picurina.

On employa aussi des travailleurs à élever la contre-garde imparfaite du bastion n° 7, dans le dessein de couvrir les maçonneries, et des tirailleurs furent établis dans les chemins couverts de ces ouvrages.

Dans la nuit du 26 au 27, les assiégeans poussèrent à la sape volante un boyau en zigzag en avant de leur parallèle, pour s'approcher de la lunette San-Roque; en même temps ils firent un mouvement sur la rive droite du fleuve et s'approchèrent de la lunette Verlé, où ils engagèrent une fusillade qui avait pour but de détourner l'attention et de faciliter la construction d'une redoute carrée en (L) à 400 mètres environ de cette lunette.

Les batteries de brèches se continuèrent sans interruption malgré notre feu.

Le 28, plusieurs colonnes de renfort se montrèrent sur la rive gauche et s'établirent dans les camps : on aperçut en outre sur la rive droite une ligne de contrevallation qui s'étendait depuis la redoute (L), jusque sur une butte en face de la tête de pont, dont l'objet était sans doute d'intercepter toute communication avec les dehors.

Le boyau en zigzag, entrepris vis-à-vis de de la lunette San-Roque, fut continué à la sape jusqu'à 40 mètres environ de la crête de son chemin couvert. La place fit un feu continuel d'artillerie et de mousqueterie sur la tête de cette sape : l'ennemi y perdit tant de monde qu'il fut obligé de l'abandonner.

Le 29, les assiégeans reprirent le travail de la sape ; mais il leur fut impossible, malgré leur opiniâtreté, de l'avancer de plus de trois à quatre mètres, et ils furent forcés de l'abandonner de nouveau [1].

[1] Nous ne devons pas omettre de rapporter ici un trait d'intelligence et de courage qui mérite d'être connu. Dans la nuit du 28 au 29, l'officier du génie anglais, de tranchée, avait tracé avec un cordeau blanc le boyau qu'il poussait sur la capitale de la lunette

rtie. Le soir ils continuèrent leur ligne de contrevallation de la rive droite. Ces travaux, dont la
place était séparée par la Guadiana, n'étaient
nullement inquiétans; le gouverneur jugea pourtant à propos de faire une sortie pour chercher
à les détruire. Le chef de bataillon Billon du 9ᵉ
fut commandé avec 400 hommes: il se porta avec

San-Roque; il paraît que cet officier oublia le matin de faire retirer le cordeau, ou qu'il le laissa dans le dessein de diriger les
travailleurs de la tête de la sape. Mais comme le feu de la place
les obligea à suspendre le travail, ils laissèrent le cordeau, qui se
distinguait très-bien du haut des remparts. Le général Veiland, eut
l'idée d'en faire changer la direction et proposa de le faire mettre
dans l'alignement d'une batterie du château. Cette idée était excel-
lente; en faisant commettre une méprise aux sapeurs anglais, elle
leur faisait perdre une nuit de travail, et les exposait à être écrasés
le matin dans le boyau. La difficulté était de changer la direction
du cordeau sans que les gardes de tranchée s'en aperçussent. Le
directeur des fortifications fit proposer aux troupes du génie d'exécuter ce hardi projet: le caporal Stoll, de la 2ᵉ compagnie de mineurs, se présenta; connaissant la bravoure et l'intelligence de ce
caporal, le directeur n'hésita point de le charger de cette opération: en conséquence il le fit sortir à la nuit tombante, un instant
avant l'arrivée des travailleurs ennemis. Il passa entre les palissades
du chemin couvert de la lunette, se glissa à plat ventre sur le terrein jusqu'au cordeau, arracha le piquet qui servait à le tendre,
l'enfonça en (M) dans la direction du château, et rentra ensuite
dans le chemin couvert, sans avoir été aperçu des gardes de
tranchée, qui n'étaient pas à plus de 20 mètres du piquet. Les
sapeurs anglais donnèrent dans le piége, et perdirent, comme on
l'avait prévu, le fruit de leur travail de nuit. Le gouverneur fut
très-satisfait du caporal, et lui accorda une gratification de 200
francs, en lui promettant de le recommander au général en chef
après le siége.

la rapidité de l'éclair jusqu'aux lignes; mais l'ennemi qui était en force sur cette rive, l'obligea de
rentrer sans avoir obtenu aucun avantage. L'aide-
de-camp Duhamel, qui avait proposé cette sortie
intempestive et qui était à la tête des troupes,
fut tué ainsi que cinq hommes. Ce jeune officier,
qui était plein d'activité et de bravoure, fut très-
regretté.

Le 30, dès que le jour parut, l'une des deux
batteries de brèche commença le feu contre le
flanc droit du bastion 6. Le point d'attaque étant
alors bien déterminé, tant par le feu de cette batterie que par la disposition des deux autres qui
se préparaient, le directeur des fortifications fit
entreprendre de suite, dans les bastions 6 et 7,
des retranchemens tels qu'ils sont tracés figure
(N, N,). Pendant cette opération le chef de bataillon du génie Truilhier fut atteint à la tête d'un
coup mortel. Cet officier s'était distingué à la
défense d'Almeida, où il avait contribué, sous
les ordres du commandant Morlet, à faire sauter
les fortifications : il avait sollicité l'honneur de
participer à celle de Badajoz. Il fut victime de
son zèle : sa mort causa les plus vifs regrets dans
la garnison, et le corps du génie eut à déplorer ·
la perte d'un officier de la plus grande distinction.

Le 31, on continua avec activité les retranchemens (N, N), et indépendamment de ces travaux

on pratiqua encore une seconde enceinte, avec les murs des jardins et des maisons adjacentes, que l'on crènela de manière à forcer l'ennemi à multiplier les assauts. Les rues furent coupées par des fossés avec traverses et on s'occupa jusqu'au dernier moment des ouvrages de défense; enfin, il y avait lieu de présumer que l'ennemi ne parviendrait à surmonter ces obstacles qu'après d'immenses sacrifices.

Dès la pointe du jour, les deux batteries de brèche, établies à la gorge de Picurina, armées de 20 pièces de canon [1], avaient commencé le feu le plus vigoureux contre la face gauche du bastion 7, et contre le flanc du bastion 6; tandis qu'une autre batterie placée en (o o,) de 4 obusiers, ricochait le terre-plein du bastion 7 et le pied de la brèche pour empêcher d'y travailler et d'y créer des obstacles.

L'artillerie des fronts 6, 7, 8, 9 riposta vivement. On tira plus de quatre mille coups de canon de part et d'autre pendant le cours de cette journée. Le feu de mousqueterie fut aussi très-considérable et se continua bien avant dans la nuit avec acharnement. L'ennemi eut plusieurs pièces de démontées, et quelques petits magasins à poudre sautèrent; notre artillerie, malgré son état de pé-

---

[1] La batterie (I) était armée de 12 canons de 24, la batterie (K) de 8 canons de 18.

nurie, parvint encore à ralentir le feu des assiégeans. Le soir il y eut au pied des murailles
beaucoup de décombres, que des détachemens
de travailleurs, dirigés par des officiers du génie,
allèrent déblayer. Les troupes exécutèrent toujours ces travaux avec un courage héroïque; elles
restèrent souvent exposées quatre et cinq heures
à la mitraille et aux obus que l'ennemi lançait
sur ce point pour les empêcher de travailler.

La ville souffrit aussi beaucoup : la désolation
était générale chez les habitans; la plupart, frappés
de terreur, se réfugièrent dans les caves et dans
les églises, qu'ils croyaient à l'épreuve, et trouvèrent la mort sous ces frêles abris. La garnison
n'avait aucune espèce de casemates, ni même de
blindages; néanmoins nos pertes en tués et blessés, depuis le 16 mars jusqu'à ce jour, ne s'élevaient qu'à 700 hommes.

Pendant la nuit du 31, l'ennemi détruisit un
petit batardeau en terre ; qui avait été construit
depuis peu en (P) pour retenir les eaux et prolonger l'inondation du Rivillas.

Le 1ᵉʳ avril, l'ennemi avait élevé une troisième
batterie de brèche en (Q) à la gauche de Picurina,
de six canons de 18, ét ouvert son feu contre les
bastions 6 et 7, avec 30 pièces. Les parapets de
ces bastions étaient presque détruits [1]; on en

---

[1] Dans le système de cette fortification, la chûte du revêtement
entraînait nécessairement celle du parapet.

avait élevé de nouveaux sur les terre-pleins, avec
des sacs à terre et des ballots de laine, qui étaïent
rétablis à mesure que les bordées de canon les
enlevaient; mais il n'était plus possible de répondre au feu des assiégeàns avec la même force
qu'auparavant : la poudre manquait, malgré tout
le soin que l'artillerie avait pris de la ménager,
ce qui devait faire penser à l'ennemi que ses
batteries avaient fait taire les nôtres. On fut encore forcé d'en réduire la consommation, cette
mesure ne pouvait cependant prolonger la défense au-delà du 10 avril. On manquait aussi de
projectiles creux et de mitraille. Nous devons
dire ici que, malgré cet état de dénuement, que
l'on ne pouvait dérober à la connaissance des
troupes, et qui devait leur faire présager la perte
de Badajoz avant qu'il fût possible d'y porter du
secours, la garnison ne donna jamais le moindre
signe d'inquiétude ni de découragement : on la
vit au contraire redoubler de zèle et d'ardeur à
mesure que le danger augmentait. L'enthousiasme
était tel, que le moindre soldat se serait indigné
à la seule pensée de capituler avant d'avoir repoussé plusieurs assauts; et le gouverneur ne
négligeait rien de ce qui pouvait soutenir de si
bonnes dispositions. Pendant que la moitié de la
garnison combattait sur les remparts, l'autre
était aux travaux de défense, et il ne s'est peut-

être jamais présenté de circonstance à la guerre, où les troupes françaises aient donné des preuves d'un plus noble dévouement.

L'ennemi continua ses attaques le 2, avec la même vigueur. Pendant la nuit il essaya de rompre le batardeau de la lunette San-Roque pour saigner l'inondation du Rivillas; mais il fut chassé par la garde de cette lunette, commandée par le capitaine Saintourens, du 58ᵉᵐᵉ.

Le 3, une nouvelle batterie de 4 pièces de gros calibre placée en (R) ouvrit son feu sur le bastion 7, sur la courtine 7, 8, et sur le flanc gauche de la lunette (14.) On comptait alors 40 bouches à feu qui tiraient, sans interruption; comme nous l'avons déjà dit, les batteries de la place ne pouvaient répondre que faiblement à celles des assiégeans: on tâcha de suppléer à l'épuisement des munitions, en plaçant les meilleurs tireurs dans les chemins couverts du front 6, 7, et dans des trous de loup pratiqués en avant, pour pointer dans les embrasures et tuer les canonniers.

Cependant, les batteries ennemies faisaient de grands ravages: la mort volait sur toutes les parties de la ville; ses remparts tombaient et deux brèches commençaient à devenir praticables; les efforts que faisaient les travailleurs pour les déblayer devenaient insuffisans. Dans cet état de choses, le gouverneur assembla le conseil de défense pour délibérer sur les moyens à prendre dans ces momens difficiles. 700 hommes, choisis dans l'artillerie et le génie, et parmi les grenadiers et voltigeurs, furent chargés d'occuper le poste important et périlleux des brèches; on en donna le commandement aux chefs de bataillon Barbot et Maistre, officiers qui montrèrent pendant toute la durée du siége une intelligence et une bravoure dignes des plus grands éloges. Le bataillon du 103me fut en outre placé en réserve dans le retranchement derrière les brèches; le personnel parut alors convenablement disposé pour attendre l'assaut.

Les travaux de défense se multipliaient en raison des progrès des assiégeans, et accablaient de fatigues la garnison, assez occupée d'autres services. Néanmoins son zèle ne se ralentit pas : 600 travailleurs étaient employés jour et nuit à perfectionner les retranchemens, 200 étaient occupés à déblayer les décombres; 100 à détruire les rampes des chemins couverts; 100 au château que l'on regardait comme le point le plus sûr et le plus propre à servir de réduit pour la garnison. Enfin les généraux étaient constamment dans les ouvrages pour encourager les travailleurs. Le gouverneur fut blessé à l'épaule aux travaux des brèches ; le général Veiland et ses aides-de-camp, reçurent aussi plusieurs coups de mitraille dans leurs habits.

Le 4, l'ennemi avait massé une nouvelle batterie de 14 bouches à feu en (S), pour contrebattre celles du château. Vers dix heures du matin, on vit une forte colonne d'infanterie anglaise sur la route d'Elvas, et plus tard il arriva, dans les camps, une longue suite de chariots chargés d'échelles, et de tous les apprêts qui annonçaient un assaut prochain. Le soir on continua les préparatifs de défense pour soutenir l'escalade et l'assaut : l'artillerie avait disposé ses pièces chargées à mitraille à tous les flancs des bastions ; des chevaux de frise à lames de sabres de cavalerie, des barils foudroyans, et des bombes, avaient été portés aux brèches pour servir à leur défense.

Le 5, les brèches étaient rendues praticables et furent reconnues telles par des sous-officiers de sapeurs qui les descendirent et les remontèrent avec armes et bagages. Il n'était plus possible de les déblayer, tant les décombres amoncelés au pied étaient considérables : l'ennemi tirait d'ailleurs sans discontinuer sur les travailleurs et nous faisait perdre beaucoup de monde. Dans ce moment critique, la garnison montra à quel point on peut élever la force morale du soldat français au-dessus des plus grands dangers. Tout le revêtement de la face gauche du bastion 7, et celui du flanc du bastion 6 étaient renversés ; mais soit par impéritie, soit à cause des difficultés

16.

d'avancer aussi près de la place, les assiégeans avaient négligé de détruire les contrescarpes pour faciliter le passage du fossé ; le colonel du génie profita de cette circonstance pour faire rassembler au pied de ces contrescarpes, et derrière les brèches, tous les obstacles que la nécessité et l'industrie peuvent mettre en usage ; on disposa de nouveau, sur tous les points accessibles, des chevaux de frise, des fascines, des sacs à terre et des ballots de laine pour remplacer les parapets éboulés : on utilisa aussi toutes les machines telles que haquets, charrettes, bateaux, cordages, bombes, etc. [1] ; enfin, les hommes désignés plus haut pour garder les brèches étaient pourvus chacun de trois fusils de rechange et attendaient le moment de l'assaut [2].

Cet appareil de défense, et la ferme contenance de la garnison, imposèrent sans doute aux assiégeans, qui jugèrent nécessaire, pour mieux assurer le succès de leur entreprise, de faire une troisième brèche au corps de la place.

---

[1] Le lieutenant Leclerc de Ruffey proposa de faire placer un grand bateau dans le fossé du bastion 7, au saillant, et de le remplir de soldats pour flanquer la face gauche de ce bastion. Cette proposition fut accueillie et présenta de grands avantages pour la défense de cette brèche.

[2] Le chef de bataillon l'Espagnol avait fait fabriquer des barils foudroyans avec de grands tonneaux farcis de paille goudronnée, de poudre et de grenades, et les avait fait disposer sur les brèches avec un certain nombre de grosses bombes chargées.

En conséquence, le 6, dès la pointe du jour,
ils dirigèrent leurs batteries contre la courtine
des deux bastions 6, 7, et en firent tomber la
moitié dans douze heures de feu. A la chûte du
jour, on fit à cette troisième brèche les mêmes travaux qu'aux deux autres. Le chef de bataillon
Lurat reçut l'ordre d'y placer une compagnie de
grenadiers hessois, qu'on avait tirée imprudem-
ment du château. Cette journée fut des plus
meurtrières : on se battit avec acharnement. A
chaque instant notre position devenait plus critique et plus alarmante ; et, suivant un système
trop souvent adopté, on eût pu capituler. Lord
Wellington connaissait la situation de la place, et
voulait obliger la garnison à se soumettre à sa
discrétion : l'orgueil anglais avait été blessé aux
deux premiers sièges et voulait en avoir satisfaction ; il ne somma point le gouverneur ainsi que
l'exigent l'usage et les lois de la guerre chez les
nations civilisées, et n'offrit aucune espèce d'accommodement. Quoique la garnison fût bien per-
suadée qu'une plus longue résistance ne la sau-
verait pas de l'affreux avenir qui lui était réservé [1]
et qu'après des efforts infructueux, manquant de
munitions et accablée par le nombre, elle succom-
berait avant qu'elle ne pût être secourue, elle

---

[1] L'Europe connait la barbarie avec laquelle les Anglais traitent
leurs prisonniers.

n'en demeura pas moins résolue à tout sacrifier plutôt que de demander à capituler. Elle redoubla donc de zèle et d'activité pour prolonger la défense par tous les obstacles que la bravoure et l'art peuvent opposer, et de manière à faire payer à l'ennemi, du sang de ses meilleurs soldats, la prise d'une place qui paraissait ne pouvoir lui échapper : résolution héroïque et qui méritait d'être couronnée d'un meilleur succès !

Enfin tout était prêt pour soutenir l'assaut : il y avait encore 3000 combattans bien déterminés : l'amour de la patrie et le profond sentiment d'une haine nationale, ajoutaient au devoir de combattre, et au désir de vaincre.

A neuf heures et demie du soir, une nombreuse artillerie lança sur diverses parties de la ville une grêle de projectiles de toute espèce[1]. En même tems la 3ᵉ division, sous les ordres du général Picton, s'approcha du Rivillas pour attaquer le château; une vive fusillade s'engagea alors à la lunette San-Roque, aux bastions 8, 9, et au château. Tandis qu'une partie de cette colonne faisait feu sur la lunette, l'autre s'avançait dans les chemins couverts et dressait des échelles contre l'escarpe du bastion 9 : opération d'autant plus facile que le front 8, 9 n'avait point de contrescarpe, que

[1] Les assiégeans avaient en batterie seize canons de 24, vingt de 18 et seize obusiers ou mortiers : total 52 bouches à feu.

le fossé et le terre plein du chemin couvert étaient dans le même plan et que les palissades étaient brisées. 3oo Hessois, commandés par le chef de bataillon Weber, et les canonniers qui occupaient le rempart, soutinrent vigoureusement l'attaque : ils roulèrent des bombes du haut du parapet et forcèrent les assaillans de s'éloigner; mais la lunette qui avait été attaquée en même tems, fut escaladée par la gorge et prise.

Une demi-heure s'était à peine écoulée, lorsque deux autres divisions, sous les ordres du général Colville, débouchèrent par le chemin de Valverde et se portèrent aux brèches; une nuit très-sombre favorisait les approches. Ces divisions arrivèrent jusqu'au pied des glacis sans être aperçues : les têtes de colonnes se jetèrent rapidement dans les fossés. Le cliquetis des armes se fait entendre : soudain un cri s'élève: *Les voilà! les voilà!* Les artifices préparés au pied des brèches éclatent et culbutent les assaillans; pleins d'intrépidité et de courage ils se rallient et reviennent à l'assaut; mais nos braves les reçoivent sans s'ébranler, les repoussent de nouveau et les jettent dans le plus grand désordre. Les morts et les blessés sont amoncelés dans les fossés et sur les glacis; l'air retentit de cris de victoire, et le succès est certain [1].

---

[1] Le directeur des fortifications avait fait disposer au pied des

Durant ce conflit sanglant et glorieux pour les deux partis, le gouverneur, le général Vei-

murs de contrescarpes, en avant des brèches, quelques barils fou-droyans et 60 bombes chargées, de 14 pouces de diamètre, espa-cées de deux toises les unes des autres, en forme de chapelet, et couvertes de 4 pouces de terre. Des saucissons de poudre placés entre des tuiles arrangées en augets liaient ces bombes et étaient des-tinés à leur communiquer le feu pour les faire sauter. Le lieutenant de mineurs Mailhet, qui avait été chargé de ces préparatifs, saisit avec sang froid l'instant opportun : il mit le feu à ces espèces de mines lorsque les assaillans traversaient les fossés pour franchir les brèches. L'explosion se fit avec le plus grand fracas : le feu qui jaillissait du chapelet de bombes et des barils foudroyans avec un bruit semblable à celui de la foudre, faisait trembler le sol, éclai-rait l'horison, et offrait un spectacle épouvantable. Pendant cette explosion, 700 hommes, munis de trois fusils chacun, tiraient à bout portant sur les Anglais qui ne pouvaient sortir des fossés pour s'é-chapper; plus de 3000 furent tués ou blessés dans ces fossés, ou dans les chemins couverts. Les troupes qui défendaient les brèches n'eurent pas 20 hommes hors de combat, mais elles perdirent le brave Mailhet qui fut atteint d'un éclat de bombe au bras, et qui mourut des suites de sa blessure.

Le comte de Liverpool, secrétaire d'état, écrivit au lord-maire de Londres, le 23 avril 1812, que la perte des assiégeans dans les assauts avait été de 3600 hommes dont 264 officiers et cinq gé-néraux. Lord Wellington dans un rapport à son gouvernement, en date du 8 avril même année, évalue ses pertes totales à 4885 hommes, dont 378 officiers. Le journal du siége en accuse 4924, dont 3661 dans la nuit du 6 au 7, mais en définitif, les rensei-gnemens pris dans le tems sur les lieux et en Angleterre, nous au-torisent à dire que la perte totale des assiégeans fut de plus de 6000 hommes.

Voici comment s'exprime, à cette occasion, le lieutenant colonel des ingénieurs anglais, John T. Jones, dans le journal du siége, page 187 :

land, les officiers de l'état-major et une faible
réserve étaient réunis sur la place (T), à peu près

« Probablement, depuis la découverte de la poudre à canon,
« jamais hommes n'avaient été plus sérieusement exposés à ses
« dangereux effets que ceux qui se trouvèrent amoncelés dans le
« fossé pendant cette nuit. Plusieurs milliers de bombes et de gre-
« nades, une grande quantité de sacs remplis de poudre, des arti-
« fices, et toute espèce de projectiles destructeurs, avaient été pré-
« parés et placés derrière les parapets du front sur toute son
« étendue. Nos soldats, placés sous la plus vive fusillade, furent
« sans interruption abîmés dans le fossé pendant plus de deux
« heures; le feu de tous ces artifices et des bombes, qui donnait à
« toute la surface du fossé l'aspect d'un volcan, produisait acci-
« dentellement des gerbes de flamme d'une lumière plus vive que
« celle du jour, qui bientôt était suivie d'une obscurité profonde.
« Il est impossible de décrire cette scène horrible, et l'on doit ad-
« mirer les hommes qui sont restés fermes au milieu de cette des-
« truction. Les portes de la victoire étaient sans doute ouvertes ;
« mais elles étaient si soigneusement gardées, leurs approches étaient
« tellement parsemées de difficultés et de dangers, et l'entreprise
« en général offrait à l'esprit des images si terribles, qu'il semblait
« plus qu'humain de lutter contre ces obstacles, si bien que, loin
« de penser que les troupes ont manqué de courage en ne réussis-
« sant pas à les surmonter, on doit regarder comme un sujet d'or-
« gueil et de gloire pour elles d'avoir tenté l'entreprise. »

Le mauvais succès des Anglais aux brèches vient sans contredit
des obstacles insurmontables qui leur furent opposés et de la bonne
contenance des troupes qui les défendaient ; mais on peut aussi
l'attribuer aux mauvaises dispositions de l'attaque. En effet, quel
est le militaire, pour peu qu'il ait de théorie et d'expérience des
siéges, qui ne dise que donner l'assaut aux brèches du corps de
place avant d'avoir renversé la contrescarpe et formé les logemens
sur les glacis, ne soit l'entreprise la plus hasardeuse et la plus in-
considérée que puisse faire un assiégeant ? Les assaillans des brèches
furent anéantis, ils devaient l'être.

au centre des attaques, quand tout-à-coup un
chef de bataillon d'artillerie espagnol, nommé
Rio, vint annoncer que l'ennemi pénétrait par le
bastion 6. Il était permis de croire à ce rapport,
d'après le tumulte qui se faisait entendre de ce
côté. Le gouverneur voulant s'en assurer par lui-
même y courut avec le colonel du génie; mais
il vit que les braves qui défendaient ce bastion
n'avaient pas bougé, et reconnut que cette fausse
alerte était l'effet d'une terreur panique qui s'était
emparée de cet officier au moment de l'explosion.
Après cet incident, le lieutenant de dragons Lavigne arriva au galop, pour annoncer que l'ennemi avait renouvelé l'attaque du château et
qu'il en avait escaladé les murailles. Le rapport
erroné que l'on avait reçu immédiatement avant,
fit douter de l'exactitude de celui-ci : l'on se refusait généralement à croire à un revers que la
situation de ce château devait faire regarder
comme impossible, et un temps précieux fut
perdu en hésitation. Le colonel des Hessois, sur
lequel on devait compter, commandait au château : ce chef n'avait rien mandé au gouverneur; il
avait pourtant plusieurs officiers à ses ordres, au
moins 80 hommes de son régiment, 25 soldats
français et un petit détachement de canonniers.
Toutefois, les généraux Philippon et Veiland y
envoyèrent quatre compagnies du 88me, seule

réserve d'à peu près 200 hommes qui restât disponible. Mais la fortune nous avait abandonnés; l'ennemi qui s'était rendu maître du château avait déjà fermé la porte (U); la réserve, à la tête de laquelle était l'aide-de-camp Saint-Vincent, arriva trop tard : elle fut reçue par une vive fusillade. Saint-Vincent fut blessé, ainsi que les principaux officiers, et les soldats furent dispersés, après avoir fait d'inutiles efforts pour reprendre le château. Dans ces entrefaites, les généraux donnèrent l'ordre à deux compagnies du 9ᵉ léger, qui étaient au bastion n° 1, d'y pénétrer par la porte (cotée V), qu'on supposait encore ouverte; mais par un mal entendu et une fatalité inouie elles furent aux brèches, où elles restèrent sans utilité. La perte inattendue du château que la garnison regardait comme son dernier réduit, et la dispersion des quatre compagnies de réserve, ébranla subitement le moral de quelques officiers, et le désordre commença.

L'ennemi, après avoir pris la lunette San-Roque, traversé le Rivillas, et tenté vainement d'escalader le front 8, 9, avait gagné à droite le long des murailles jusqu'au point (W), où il appliqua une échelle contre l'escarpe et l'escalada, par une embrasure, quoique cette escarpe fût en bonne maçonnerie et élevée de vingt pieds. Dans ce moment la résistance avait molli : d'autres échelles avaient été aussitôt dressées, et le château emporté. Les troupes qui s'y trouvaient furent égorgées ; le chef de bataillon Schmalkalder, l'adjudant-major Schulz des Hessois , et le capitaine d'artillerie , d'André Saint-Victor y périrent. Le colonel des Hessois avait été blessé légèrement à la tête : il fut saisi par un officier anglais qui le somma de lui montrer la porte du château, en menaçant de le tuer s'il n'obéissait ; il fit la faute de la lui indiquer, et ne suivit point dans cette circonstance l'exemple du chevalier d'Assas, plus aisé à admirer qu'à imiter.

Lord Wellington, instruit du désastre des brèches, ignorant ce qui se passait ailleurs, avait ordonné la retraite [1], lorsqu'on lui apprit que le général Picton [2] à la tête de la 3e division avait escaladé le château. Ce fut à la seule audace de ce général et au défaut de surveillance, ou à la pusillanimité de ceux qui lui étaient opposés, que lord Wellington dut un succès inattendu, qui lui livrait Badajoz.

La couronne de Pardaleras était attaquée en même temps que les brèches, par une autre division. La garnison de ce fort se défendit avec vigueur et l'obligea à se retirer, laissant également les fossés et les glacis jonchés de morts et

[1] Ce fait est inséré au journal du siége anglais, page 177.
[2] Tué à la bataille de Waterloo.

de blessés : ce ne fut que le lendemain dans la matinée qu'elle se rendit.

Il était minuit lorsqu'une nouvelle attaque eut lieu au bastion n° 1 : la 5ᵉ division, sous les ordres du général Leith, s'avança sur l'angle saillant, franchit la barrière du chemin couvert (X), qui n'avait pu être défendu faute de soldats, descendit dans le fossé, plaça des échelles contre la face gauche (Z) du bastion, et l'emporta par escalade, ce qui se fit sans beaucoup d'opposition ; le détachement du 9ᵉ qui le gardait ayant été affaibli des deux tiers, pour tenter de reprendre le château par la porte (V) ; néanmoins ce détachement ne céda qu'à la dernière extrémité ; et la perte de l'ennemi à cette attaque fut encore de 600 hommes. Dès que les premières troupes de l'ennemi furent formées dans le bastion, le général Walker[1] se mit à leur tête, et longea les remparts pour se porter sur le derrière des brèches, se répandit ensuite dans la ville, fit sa jonction avec la 3ᵉ division qui était au château, et tout fut perdu[2].... Dans ces extrémités, le gouverneur

[1] Le général Walker fut grièvement blessé et fait prisonnier.

[2] Le bataillon du 28ᵉ qui gardait les bastions 3,4 avait ordre, ainsi que toutes les troupes qui étaient sur les remparts, d'appuyer à droite ou à gauche, suivant le cas, pour repousser les assaillans ; mais il ne fit aucun mouvement pour secourir le bastion 1. Peut-être fut-ce par un faux calcul qui vient trop souvent de l'égoïsme, d'où il résulte qu'on s'intéresse moins à la sûreté de ses voisins qu'a

ne pouvait plus communiquer avec les troupes : le trouble et l'incertitude s'emparèrent des esprits, on se fusillait dans les rues, on les parcourait en désordre; des cris de victoire et des gémissemens affreux se faisaient entendre, la confusion était à son comble, et la nuit ajoutait encore à l'horreur de cette situation.

Cependant au milieu de ce désordre extrême, et tel que l'imagination peut à peine se le représenter, le gouverneur et le général Veiland, qui ne s'étaient point quittés, rassemblèrent une cinquantaine d'hommes et quelques cavaliers avec lesquels ils passèrent sur la place de Las Palmas. Ce fut par ce moyen et à la faveur de l'obscurité qu'ils parvinrent à se retirer avec la majeure partie des officiers de l'état-major au fort San-Cristoval. Il était alors une heure après minuit.

la sienne propre, ce qui conduit presque toujours à la perte de tout. Aussitôt que l'ennemi fut maître du bastion 1, il s'avança le long des remparts pour se porter sur les derrières des brèches; mais il rencontra le 28ᵉ et le 58ᵉ, commandés par le capitaine de grenadiers Malbeste, et il s'engagea alors un combat corps à corps sur le terre plein des bastions 3, 4. Ces troupes parvinrent à repousser les Anglais jusqu'au bastion 1. Sourds à la voix du général Walker, qui faisait les plus grands efforts pour les faire avancer, ils furent un instant saisis de terreur et fuyaient sans combattre. La fortune semblait revenir à nous et peu s'en fallut que l'ennemi ne fût chassé de la place; mais d'autres troupes, qui étaient déjà formées dans le bastion nº 1, détruisirent l'action des deux bataillons dont l'effectif ne s'élevait pas ensemble à plus de 400 hommes.

Les troupes qui défendaient les brèches n'avaient pas bougé, mais abandonnées à elles-mêmes, ne recevant point d'ordre [1], et voyant que l'ennemi avait pénétré dans la place par deux autres points, cessèrent toute résistance, brisèrent leurs armes et s'abandonnèrent à leur destinée [2]. Quelques détachemens se retirèrent à Pardaleras et dans diverses maisons de la ville où ils continuèrent à se défendre jusqu'à ce que le jour parût. Ces guerriers, tout couverts de sang, accablés par le nombre plutôt que vaincus, tombèrent successivement au pouvoir des assiégeans.

Enfin le 7, à six heures du matin, le gouverneur se vit dans la dure nécessité de se rendre : il fit arborer un mouchoir blanc au bout d'une bayonnette, et se livra à la discrétion des assiégeans avec son état-major et quelques centaines d'hommes qui avaient épuisé toutes leurs munitions. San-Cristoval, qui lui servit de dernier réduit, n'avait guère que 30 coups de canon à tirer, et il n'y existait pas une seule ration de vivres. L'ennemi trouva dans la place environ 12 milliers de poudre, 140 bouches à feu, et un équipage de pont ; il n'y avait plus ni bombes ni obus de calibre.

---

[1] Le capitaine de Grasse fut envoyé par le gouverneur pour rappeler ces troupes, mais cet officier ne put parvenir jusqu'à elles.

[2] Les brèches étaient abandonnées lorsque la 4ᵉ division eut avis du mouvement du général Leith, qui se porta en avant pour les franchir.

Ainsi fut pris Badajoz, après trois siéges et par le plus grand des hasards; ce dernier, que plusieurs circonstances rendent mémorable, méritera sans doute d'être cité parmi les faits d'armes les plus glorieux. Cette place, déjà célèbre par les désastres qu'elle avait éprouvés l'année précédente, n'était pas encore relevée de ses ruines lorsqu'elle fut investie de nouveau : mal pourvue de munitions, n'ayant que des ouvrages imparfaits, et une garnison insuffisante, il fallut rassembler et organiser en peu de temps des moyens de défense pour résister à toute l'armée anglo-portugaise, approvisionnée d'un matériel considérable, maîtresse des communications, et aidée par les habitans du pays. Dans cette situation défavorable, le succès d'une lutte aussi inégale dépendait principalement de la célérité des préparatifs et des ressources de l'art, pour lui donner les propriétés sans lesquelles la valeur ne peut rien contre le nombre; aussi est-il permis de dire que l'industrie ne contribua pas moins que le courage des troupes à prolonger cette défense, qui dura 21 jours, et occasiona à l'ennemi des pertes excessives. Tels étaient les obstacles que les assiégeans ne purent pénétrer par les brèches malgré la bravoure et les efforts réitérés de leurs troupes d'élite. Ainsi la perte de Badajoz, répétons-le hardiment, ne fut due qu'à la pu-

sillanimité de ceux qui défendaient le château, et
nous appuierons cette opinion sur un fait que
nous fournit une des époques les plus mémorables de l'histoire de France : il mettra nos lecteurs
à même de porter un jugement sur cette déplorable catastrophe [1].

« En 1590, au temps de la Ligue et du siége
« de Paris, Châtillon fut chargé par le roi de sur-
« prendre cette capitale. Il arriva sur les onze
« heures du soir dans le faubourg Saint-Jacques,
« à la proximité des murs de Sainte-Geneviève.
« Comme tout le monde, jusqu'aux prêtres et
« aux religieux, montait la garde, les jésuites
« étaient dans cet endroit, qui était dans le voi-
« sinage de leur collége. Ils entendirent quelque
« bruit et ils donnèrent l'alarme. Les bourgeois
« accoururent sur le rempart. Châtillon fait halte
« et ordonne à ses gens de garder un profond si-
« lence. Les Parisiens, n'entendant plus rien,
« croient que c'est une fausse alarme et se reti-

[1] Nous devons pourtant ajouter que l'insuffisance de la garnison
fut aussi une cause de la chûte de cette place : elle n'avait jamais
été de plus de 4000 combattans et elle était réduite à moins de 3000
au moment des assauts. Son développement et ses ouvrages extérieurs nécessitaient une force de 7000 hommes. Le duc de Dalmatie
battit Meudizabal et prit Badajoz avec un corps d'armée qui n'ex-
cédait guère onze mille hommes. La garnison espagnole était alors
de neuf mille combattans, dont 7880 furent faits prisonniers.
(Voyez page 111.)

« .rent chez eux. Sur les quatre heures du matin,
« Châtillon fait descendre ses gens dans le fossé;
« ils gagnent le pied de la muraille sans être a-
« perçus ; ils y appliquent 7 ou 8 échelles, juste-
« ment au point que les jésuites gardaient, et où
« l'un d'eux était en sentinelle avec N. Nivelle,
« libraire, et G. Balden, avocat. A la vûe du pre-
« mier soldat qui parut au sommet d'une échelle,
« le jésuite crie aux armes, et allant droit à lui, lui
« casse sa hallebarde sur la tête et le renverse
« dans le fossé. Trois autres sautent aussitôt sur
« le rempart; ils sont culbutés par le jésuite, se-
« condé du libraire et de l'avocat. Les corps-de-
« garde voisins accourent de toutes parts; on jette
« des bottes de paille allumées dans le fossé; en
« peu de temps les murailles sont couvertes de
« défenseurs. Châtillon, ne voyant plus d'espé-
« rance de réussir, fait sonner la retraite ; et ceux
« qui l'accompagnaient sont obligés de se retirer
« avec lui. »

Le lecteur dira sans doute avec nous , que si
parmi les défenseurs du château il s'en fût trouvé
trois aussi vaillans que le jésuite, l'avocat et le
libraire, Badajoz n'eût pas été pris dans la nuit
du 6 au 7 avril, et les Anglais auraient vraisemblablement perdu pour la troisième fois le fruit des
plus grandes sollicitudes de leur général en chef.

C'est ainsi que la plupart des événemens n'ont

que des causes fort simples, et ne sont souvent
que l'effet du hasard ou d'un pouvoir invincible
de la fatalité, qui triomphe de tous les efforts
des hommes.

Le maréchal Soult, qui avait réuni au 5ᵉ corps
tout ce qu'il avait de troupes disponibles en Andalousie, s'avançait au secours de la place : il
n'en était plus qu'à deux journées de marche,
quand il apprit qu'elle avait succombé. L'armée
de Portugal, sans l'aide de laquelle il eût été impossible de forcer les Anglais de lever le siége,
s'était également mise en marche pour faire une
diversion ; mais le peu d'accord qui régnait alors
entre les mouvemens des armées françaises dans
la péninsule, fut encore une des causes qui amena
cet accident fâcheux.

Les malheurs qui résultèrent de la reprise de
Badajoz se répandirent principalement sur les
habitans. Cette ville, qui soutint quatre siéges en
quinze mois, fut dans ce dernier livrée au sac,
vit tomber un grand nombre de ses édifices et
de ses temples, et périr une partie de sa population. Les assiégeans ternirent l'éclat de leur sanglante victoire, par des excès de licence et de barbarie, dont une guerre de la nature de celle
qu'ils faisaient aurait dû les éloigner : ils spolié-
rent les habitans avec violence, comme s'ils eussent été leurs ennemis. Peu de villes prises d'esca-

lade ont présenté un spectacle de dévastation plus hideux. Le chef de bataillon Nieto, le capitaine Romero, les lieutenans Gambari, Olize, Guevora, et quelques soldats espagnols au service de Joseph; qui s'étaient rendus aux assiégeans, furent livrés aux partisans de Ferdinand VII et fusillés à l'instant. Le capitaine d'artillerie Farinas, qui connaissait mieux ses ennemis, se plaça sur la bouche d'un mortier, y mit le feu, et se fit sauter.

DÉSIGNATION

ÉTAT-MAJOR

MM.

Le baron Philippon, général (Dulaurel, lieuten., aide-de-camp. (T.tá)
de division, gouverneur. | Pétroneve, lieutenant, aide-de-camp.
Le baron Vétard, général de bri- | Masset, capitaine, aide-de-camp
gade, commandant en second. | Saint-Vincent, lieuten. id.
Le chevalier Charpentier, major, | De Grasse, capit. d'état-major.
commandant de la place. | Deulanx, lieut. idem.
Gaspard-Thierry, colonel d'état-major.
Pintau, colonel. idem

ARTILLERIE

Ficoteau, colonel directeur.
L'Espagnol, chef de bataillon.
Goiraud, capitaine.
D'Audru St.-Victor, capitaine. (T.tá)
Dubois, capitaine. (T.tá)
Rio, chef de bataillon. (Espagnol).
Horrus capitaine. (Espagnol)

GÉNIE

Lazarre, colonel, directeur des fortifications.
Trublins, chef de bataillon. (T.tá)
Lefièvre, capitaine.
Myrabus, capitaine. (Hollandais).
Lanor, capitaine de mineurs. (Basse).
Marin, capitaine de sapeurs. (Basse).
Hannsberg, adjudant. (Basse).

ADMINISTRATIONS

Pevin, sous-inspecteur aux revues.
Tissot, commissaire des guerres.
L. Gaspin, garde-magasin.
Barus, médecin.
Lasipierre, chirurgien-major.
Maternant, aide-major.

à reporter.

DÉSIGNATION

ÉTAT-MAJOR.
MM.

Le baron Philippon, général de division, gouverneur. { Duhamel, lieuten., aide-de-camp. (Tué). / Desmeuve, lieutenant, aide-de-camp.

Le baron Veiland, général de brigade, commandant en second. { Massot, capitaine, aide-de-camp. / Saint-Vincent, lieuten. id.

Le chevalier Charpentier, major, commandant de la place. { De Grasse, capit. d'état-major. / Denisot, lieut. idem. . .

Gaspard-Thierry, colonel d'état-major. . . . .

Pineau, colonel idem. . . . .

ARTILLERIE.

Picoteau, colonel directeur. . . . .

L'Espagnol, chef de bataillon. . . . .

Guiraud, capitaine. . . . .

D'André St.-Victor, capitaine. (Tué). . . . .

Dubois, capitaine. (Tué). . . . .

Rio, chef de bataillon. (Espagnol). . . . .

Horré, capitaine. (Espagnol). . . . .

GÉNIE.

Lamare, colonel, directeur des fortifications. . . . .

Truilhier, chef de bataillon. (Tué). . . . .

Lefaivre, capitaine. . . . .

Meynhart, capitaine. (Hollandais). . . . .

Lenoir, capitaine de mineurs. (Blessé). . . . .

Martin, capitaine de sapeurs. (Blessé). . . . .

Henneberg, adjudant. (Blessé). . . . .

ADMINISTRATIONS.

Pasius, sous-inspecteur aux revues. . . . .

Vienné, commissaire des guerres. . . . .

L. Coupin, garde-magasin. . . . .

Estruc, médecin. . . . .

Lacipierre, chirurgien-major. . . . .

Malcuisant, aide-major. . . . .

A reporter. . . . . . .

DES CORPS.	NOMBRE D'HOMMES.
Ci-contre.	31

TROUPES.

ɪɪ. Officiers compris. — 12ᵉ compagnie du 1ᵉʳ régiment ; 1ʳᵉ compagnie du 5ᵉ régiment, et un détachement d'ouvriers de la 4ᵉ compagnie.	233
. . . . . Officiers compris.—2ᵉ compagnie du 2ᵉ bataillon de mineurs ; 1ʳᵉ compagnie du 2ᵉ bataillon de sapeurs, et un détachement de la 5ᵉ compagnie du même bataillon.	263
ᴛᴇʀɪᴇ. Officiers compris. — 9ᵉ léger, 3ᵉ bataillon ; 28ᵉ idem, 1ᵉʳ bataillon ; 58ᵉ de ligne, 1ᵉʳ bataillon ; 88ᵉ idem, 3ᵉ bataillon ; 103ᵉ idem, 3ᵉ bataillon ; et deux compagnies du 64ᵉ de ligne, ensemble.	2680
Un régiment de Hesse-Darmstadt, avec un détachement de canonniers, officiers compris.	900
Un détachement espagnol, officiers compris.	50
ʟᴇʀɪᴇ. Dragons et Chassseurs à cheval, deux officiers compris. .	50
Train d'artillerie et équipage militaires, environ. . . .	130
ᴛᴏᴛᴀʟ ᴅᴇs ᴄᴏᴍʙᴀᴛᴛᴀɴs. .	. . . .	4337
oyés des administrations, cantiniers, marchands, malades et dostiques.	663
ᴛᴏᴛᴀʟ ɢᴇ́ɴᴇ́ʀᴀʟ.	5000
Pertes en tués et blessés, environ.	1500
Prisonniers de guerre. . . . . : .	3500

Lightning Source UK Ltd.
Milton Keynes UK
UKHW02f0846160818
327336UK00011B/1043/P